NWB-Studienbücher · Wirtschaftswissenschaften

Körperschaftsteuer

Eine Einführung mit Übungen

Von
Dipl.-Kfm. Dr. Karl Kirchgesser
Wissenschaftlicher Mitarbeiter am
Lehrstuhl für Betriebswirtschaftslehre,
insbesondere Betriebswirtschaftliche
Steuerlehre am Fachbereich IV – BWL
der Universität Trier

Verlag Neue Wirtschafts-Briefe
Herne/Berlin

Die Deutsche Bibliothek – CIP-Einheitsaufnahme

Kirchgesser, Karl:
Körperschaftsteuer: eine Einführung mit Übungen / von Karl Kirchgesser. –
Herne; Berlin: Verl. Neue Wirtschafts-Briefe, 1997
(NWB-Studienbücher Wirtschaftswissenschaften)
ISBN 3-482-48231-4

ISBN 3-482-**48231**-4

© Verlag Neue Wirtschafts-Briefe GmbH & Co., Herne/Berlin, 1997

Alle Rechte vorbehalten.

Dieses Buch und alle in ihm enthaltenen Beiträge und Abbildungen sind urheberrechtlich geschützt. Mit Ausnahme der gesetzlich zugelassenen Fälle ist eine Verwertung ohne Einwilligung des Verlages unzulässig.

Druck: Weihert-Druck, Darmstadt

Vorwort

Das vorliegende Buch soll dem in der Ausbildung stehenden Leser den Einstieg in das Themengebiet der „Körperschaftsteuer" erleichtern. Dabei steht die Vermittlung der elementaren Grundlagen des Körperschaftsteuerrechts und deren Einübung im Vordergrund. Der Einführung schließt sich die Darstellung der Körperschaftsteuerpflicht an. Dem folgt die Schilderung der Ermittlung des zu versteuernden Einkommens und der für die Umsetzung des Anrechnungsverfahrens notwendigen Gliederung des verwendbaren Eigenkapitals. Diese Aspekte werden zu einem Allgemeinen Teil zusammengefaßt, dem Übungsfälle mit Lösungen folgen. Im Besonderen Teil wird die Darstellung um die körperschaftsteuerliche Verlustverrechnung und die Organschaft erweitert. Auch der Besondere Teil umfaßt themenbezogene Übungen.

Zur Handhabung: Der Leser sollte sich zunächst mit dem Allgemeinen Teil auseinandersetzen. Im Übungsteil A werden die Inhalte der ersten vier Kapitel dann anhand von Fragen und Lösungen vertieft. Die Aufgaben können zum einen als Einheit mit den Lösungshinweisen als Verständnishilfe ergänzend zum Text verwendet werden. Zum anderen bieten sie die Möglichkeit, Lösungen selbst zu erarbeiten und damit den eigenen Kenntnisstand zu überprüfen. Zu diesem Zweck finden sich im Text Verweise auf die themenbezogenen Fragestellungen im Übungsteil. Im Besonderen Teil werden die im Allgemeinen Teil vermittelten Kenntnisse vorausgesetzt. Die Übungen schließen sich hier unmittelbar an die jeweiligen Kapitel an.

Während der Arbeit mit diesem Buch sollten das Körperschaftsteuergesetz und die Körperschaftsteuerrichtlinien stets griffbereit liegen. Schlagen Sie die zitierten Rechtsgrundlagen nach. Dies gilt insbesondere für die innerhalb der Gliederungsrechnung in gesonderter Spalte ausgewiesenen Quellen des Körperschaftsteuergesetzes und der Körperschaftsteuerrichtlinien.

Das Buch berücksichtigt den Rechtsstand Herbst 1996. Die in den Beispielen verwendeten Jahreszahlen wurden so gewählt, daß der Leser nicht mit den in der Vergangenheit erfolgten Änderungen im Körperschaftsteuergesetz oder in den Körperschaftsteuerrichtlinien konfrontiert und irritiert wird.

Über Anregungen, Kritik und Verbesserungshinweise freue ich mich.

Trier, im Januar 1997   Karl Kirchgesser

Inhaltsübersicht

Vorwort V
Inhaltsübersicht VII
Inhaltsverzeichnis IX
Verzeichnis der Übersichten XII
Abkürzungsverzeichnis XIII

Allgemeiner Teil

1. Einführung 1
2. Die Körperschaftsteuerpflicht 8
3. Die Ermittlung des zu versteuernden Einkommens 23
4. Die Gliederung des verwendbaren Eigenkapitals 39
5. Bestandsveränderungen in der Gliederungsrechnung 46

A Übungen zum Allgemeinen Teil 87

Besonderer Teil

1. Die körperschaftsteuerliche Verlustverrechnung 115
B Übungen zur Verlustverrechnung 131

2. Die körperschaftsteuerliche Organschaft 143
C Übungen zur körperschaftsteuerlichen Organschaft 161

Stichwortverzeichnis 169

Inhaltsverzeichnis

Vorwort V
Inhaltsübersicht VII
Inhaltsverzeichnis IX
Verzeichnis der Übersichten XII
Abkürzungsverzeichnis XIII

Allgemeiner Teil

1. **Einführung** 1
   1.1 Das Verhältnis von Einkommensteuer und Körperschaftsteuer 1
   1.2 Alternative Verfahren zur Vermeidung der Zweifachbesteuerung 3
   1.3 Rechtsgrundlagen der Körperschaftsteuer 7

2. **Die Körperschaftsteuerpflicht** 8
   2.1 Persönliche Steuerpflicht - Wer? 8
       2.1.1 Unbeschränkte Steuerpflicht 9
       2.1.2 Beschränkte Steuerpflicht 12
       2.1.3 Partielle Steuerpflicht 13
       2.1.4 Zusammenfassung 14
   2.2 Sachliche Steuerpflicht - Was? 16
   2.3 Beginn und Ende der Steuerpflicht 16
       2.3.1 Beginn der Körperschaftsteuerpflicht 16
       2.3.2 Ende der Körperschaftsteuerpflicht 19
   2.4 Steuerbefreiungen der Körperschaften 20
       2.4.1 Persönliche Steuerbefreiungen 20
       2.4.2 Beginn und Ende der Steuerbefreiung 21
   2.5 Steuervergünstigungen 23

3. **Die Ermittlung des zu versteuernden Einkommens** 23
   3.1 Veranlagungs- und Ermittlungszeitraum 23
   3.2 Das körperschaftsteuerliche Einkommens-Ermittlungs-Schema 24
   3.3 Verlustverrechnung im KStG 31
       3.3.1 Verlustbegriff im Körperschaftsteuerrecht 32
       3.3.2 Voraussetzungen für den Verlustabzug 33
       3.3.3 Behandlung der steuerlichen Verluste 35

4. Die Gliederung des verwendbaren Eigenkapitals 39
   4.1 Anrechnungsverfahren 39
   4.2 Funktion und Aufbau der Gliederungsrechnung 41

5. Bestandsveränderungen in der Gliederungsrechnung 46
   5.1 Zugänge zum verwendbaren Eigenkapital 47
        5.1.1 Direkter Zugang 47
        5.1.2 Indirekter Zugang 48
   5.2 Eigenkapitalverwendung i.S. von Ausschüttung 48
        5.2.1 Herstellung der Ausschüttungsbelastung 49
              5.2.1.1 Körperschaftsteuer-Minderung 50
              5.2.1.2 Körperschaftsteuer-Erhöhung 51
              5.2.1.3 Multiplikatoren 52
        5.2.2 Reihenfolgefiktion bei der Verrechnung von Ausschüttungen 54
        5.2.3 Zeitliche Bestimmungen bei Ausschüttungen 57
              5.2.3.1 Auswirkungen von Ausschüttungen auf die Fortschreibung 59
                      des vEK in der Gliederungsrechnung
                      5.2.3.1.1 Standardfälle des § 28 Abs. 2 KStG 59
                      5.2.3.1.2 Sonderfälle 60
              5.2.3.2 Einfluß der KSt-Änderungen auf die Ermittlung des 62
                      KSt-Aufwands im Zuge der KSt-Veranlagung
   5.3 Systematik der Ausschüttungen 64
        5.3.1 Gewinnausschüttungen und andere Ausschüttungen 64
        5.3.2 Die verdeckte Gewinnausschüttung 73
              5.3.2.1 Rechtsfolgen 75
              5.3.2.2 Formen der verdeckten Gewinnausschüttung 78
              5.3.2.3 Rückabwicklung der verdeckten Gewinnausschüttung 81
   5.4 Verrechnung der bei der Einkommensermittlung nichtabziehbaren 82
        Aufwendungen
        5.4.1 Behandlung der abgeführten nichtabziehbaren Aufwendungen 82
        5.4.2 Erstattung sonstiger nichtabziehbarer Ausgaben 85

A Übungen zum Allgemeinen Teil 87

Besonderer Teil

1. **Die körperschaftsteuerliche Verlustverrechnung** 115
   1.1 Der Verlustrücktrag 115
      1.1.1 Die gesetzlichen Obergrenzen des Verlustrücktrages 116
      1.1.2 Die Optimierung der Höhe des Verlustrücktrages 117
         1.1.2.1 Die Einflußfaktoren 118
         1.1.2.2 Die Basisformel 121
         1.1.2.3 Die Arbeitsebenen 123
         1.1.2.4 Ergänzungen der Basisformel 124
            1.1.2.4.1 Ergänzung I - EK_{50}-Bestand 124
            1.1.2.4.2 Ergänzung II - Zins- und Liquiditätsaspekte 125
            1.1.2.4.3 Ergänzung III - Definitivbelastung der s.n.a.A. 126
            1.1.2.4.4 Ergänzung IV - Negativer Anfangsbestand im EK_{45} . 126
            1.1.2.4.5 Zusammenfassung 127
      1.1.3 Die Umsetzung des Verlustrücktrages in der Gliederungsrechnung.... 128
   1.2 Der Verlustvortrag in der Gliederungsrechnung 130

B **Übungen zur Verlustverrechnung** 131

2. **Die körperschaftsteuerliche Organschaft** 143
   2.1 Voraussetzungen für die Annahme eines Organverhältnisses 144
      2.1.1 Organ und Organträger 144
      2.1.2 Unterordnungsverhältnis und Gewinnabführungsvertrag 144
   2.2 Besonderheiten der körperschaftsteuerlichen Organschaft 146
      2.2.1 Einkommen 146
      2.2.2 Ausgleichszahlungen 148
      2.2.3 Ausgleichsposten 153
      2.2.4 Andere Gewinnausschüttungen 159
      2.2.5 Beschränkung des Verlustabzuges 159
      2.2.6 Gliederungsrechnung 159

C **Übungen zur körperschaftsteuerlichen Organschaft** 161

Stichwortverzeichnis 169

Verzeichnis der Übersichten

Übersicht	1	Das Anrechnungsverfahren	7
Übersicht	2	Persönliche Steuerpflicht nach dem KStG	8
Übersicht	3	Die Steuerpflicht der AG und der GmbH	13
Übersicht	4	Prüfungsschema zur Körperschaftsteuerpflicht	15
Übersicht	5	Beginn der Steuerpflicht an einem Fallbeispiel	19
Übersicht	6	Prüfungsschema zur Körperschaftsteuerbefreiung	22
Übersicht	7	Das Einkommens-Ermittlungs-Schema	26
Übersicht	8	Das verwendbare Eigenkapital	43
Übersicht	9	Prototyp einer Gliederungsrechnung	45
Übersicht	10	Die KSt-Änderung bei der Verrechnung einer Ausschüttung	50
Übersicht	11	Wichtige Verhältniszahlen und Multiplikatoren	53
Übersicht	12	Rechtsfolgen der Ausschüttungsgruppen	58
Übersicht	13	Systematik und Rechtsfolgen der Vorgänge auf der Basis des Gesellschaftsverhältnisses	65
Übersicht	14	Ablaufschema zur Bestimmung des Ausschüttungscharakters eines durch das Gesellschaftsverhältnis geprägten Vorgangs	68
Übersicht	15	Die nichtabziehbaren Aufwendungen	83
Übersicht	16	Intertemporäre Auswirkung des Verlustrücktrages	122
Übersicht	17	Auswirkung des Verlustrücktrages auf die Gliederung des vEK	129
Übersicht	18	Die körperschaftsteuerliche Organschaft	146
Übersicht	18	Ausgleichszahlungen bei der Organgesellschaft	149

Abkürzungsverzeichnis

AusschbelAZ	Ausschüttungsbelastung der Ausgleichszahlung
Abs.	Absatz
Abschn.	Abschnitt
AG	Aktiengesellschaft
AktG	Aktiengesetz
AO	Abgabenordnung
AZ	Ausgleichszahlung
BFH	Bundesfinanzhof
BMF	Bundesminister der Finanzen
BStBl.	Bundessteuerblatt
DBA	Doppelbesteuerungsabkommen
EK	Eigenkapital
EStDV	Einkommensteuerdienstverordnung
EStG	Einkommensteuergesetz
FK	Fremdkapital
GA	Gewinnausschüttungen
ggf.	gegebenenfalls
gem.	gemäß
GewStG	Gewerbesteuergesetz
GmbH	Gesellschaft mit beschränkter Haftung
GmbH i.G.	Gesellschaft mit beschränkter Haftung in Gründung
GmbH i.L.	Gesellschaft mit beschränkter Haftung in Liquidation
HGB	Handelsgesetzbuch
HR	Handelsregister
HS	Halbsatz
i.V.m.	in Verbindung mit
JÜ	Jahresüberschuß

KapESt	Kapitalertragsteuer
KSt	Körperschaftsteuer
KStG	Körperschaftsteuergesetz
KStR	Körperschaftsteuer-Richtlinie
KStVz	Körperschaftsteuer-Vorauszahlung
n.a. Aufwendung	nichtabziehbare Aufwendung
Nr.	Nummer
OG	Organgesellschaft
OHG	Offene Handelsgesellschaft
OT	Organträger
R	Richtlinie
RAP	Rechnungsabgrenzungsposten
S.	Satz
s.n.a.A.	sonstige nichtabziehbare Aufwendung
SolZ	Solidaritätszuschlag
vEK	verwendbares Eigenkapital
vGA	verdeckte Gewinnausschüttung
v.H.	vom Hundert
VSt	Vermögensteuer
Wj.	Wirtschaftsjahr

Einführung 1

1. Einführung

1.1 Das Verhältnis von Einkommensteuer und Körperschaftsteuer

Die Körperschaftsteuer ist eine Steuer, die Organisationen auf das Ergebnis ihrer wirtschaftlichen Tätigkeit zahlen. Besteuert werden nicht die einzelnen Bürger bzw. Haushalte, sondern Vereinigungen von Menschen und Mitteln zu einem Zweck. Solche Organisationen können Personenvereinigungen (Vereine, Aktiengesellschaften) oder einem bestimmten Zweck gewidmete Vermögensmassen (z.B. eine Stiftung) sein. Dabei ist die Körperschaftsteuer als Einkommensteuer-Vorauszahlung anzusehen bzw. als Quellensteuer wie die Kapitalertragsteuer und die Lohnsteuer. Eine Vorabbesteuerung der Quellenerträge bei den Körperschaften läßt sich wie folgt begründen:

a) Die Erhebung bei den Körperschaften sichert *Wettbewerbsgleichheit zwischen allen Unternehmen*. Blieben die Körperschaften steuerfrei, könnten sie sich steuerfrei selbstfinanzieren, denn nach geltendem Gesellschaftsrecht sind sie nicht zur Vollausschüttung ihrer Gewinne gezwungen (und selbst wenn, könnten sie wegen der laschen Rechnungslegungsvorschriften immer noch beachtliche Rücklagen bilden, so daß die Aktionäre die Höhe der Gewinne gar nicht erkennen könnten). Bei konkurrierenden Einzelfirmen und Personengesellschaften wäre Selbstfinanzierung nur aus versteuerten Gewinnen möglich.

b) Die Erhebung an der Quelle wahrt die *Gleichmäßigkeit der Besteuerung* zwischen Inländern einerseits und nicht der inländischen Einkommensteuer unterliegenden Personen andererseits.

c) Die Erhebung an der Quelle sichert eine bessere Nachprüfbarkeit, verhindert Steuerhinterziehung und liegt insofern ebenfalls im Interesse der Gleichmäßigkeit der Besteuerung.

Als erstes Zwischenergebnis ist festzuhalten:
Die Körperschaftsteuer ist eine Einkommensteuer, die auf Quellenerträge bei den Kapitalgesellschaften erhoben wird. Damit ist aber noch nichts über das Verhältnis von Körperschaftsteuer und Einkommensteuer gesagt, auf das nun im folgenden eingegangen wird. Das aktuelle Verhältnis soll dabei aus der historischen Entwicklung heraus erarbeitet werden.

Das Körperschaftsteuergesetz ist ein Teilgebiet des Ertragsteuerrechts im weiteren Sinne, denn Gegenstand der Besteuerung ist die Einkommensbesteuerung von Körperschaften oder juristischen Personen, die früher "Erwerbsgesellschaften" hießen. Durch ein Gesetz vom 24.06.1881 wurden diese Erwerbsgesellschaften im Deutschen Reich der Besteuerung unterworfen. Das Gesetz wurde dann im Jahre 1909 mit einem gestaffelten System verschieden hoher Zuschläge für Körperschaften von 5 bis 50% novelliert. Diese Steuer war damals eng mit der Einkommensteuer verknüpft, so daß eine klare Trennung der beiden Steuern nicht ersichtlich war.

Das *erste besondere Körperschaftsteuergesetz* stammt aus dem Jahre 1920, wobei die Körperschaftsteuer einheitlich mit 10 von Hundert vom Ertrag erhoben wurde. Im Laufe der Zeit wurden dann die Steuersätze auf 20 v.H. erhöht. Nach dem Zweiten Weltkrieg wurde ein gestaffelter Steuersatz mit Sätzen von 35 bis 65 v.H. eingeführt. Bis zu diesem Zeitpunkt gab es folglich eine zweifache Besteuerung des Ertrages bei der Körperschaft: Einmal die bei der Körperschaft erhobene Körperschaftsteuer und dann zusätzlich die auf Ausschüttungen erhobene Einkommensteuer beim Anteilseigner.

Um diese Zweifachbelastung zu verringern, wurde durch das Gesetz vom 24.06.1953 erstmals ein "gespaltener" Steuersatz eingeführt. Für den Teil des Gewinns der Kapitalgesellschaften, der als "berücksichtigungsfähig" ausgeschüttet wurde, ermäßigte sich der Steuersatz von 60 auf 30 v.H. Als Begründung für diese Aufspaltung des Steuersatzes in einen Thesaurierungs- und Ausschüttungssatz wurden jedoch weniger steuersystematische als vielmehr kapitalmarktpolitische Erwägungen aufgeführt: Durch den Spreiz im Steuersatz sollten die Körperschaften zur Erhöhung der Dividenden angeregt werden, um so kleine und mittlere Sparer über die Sicherstellung einer ausreichenden Rendite zur Anlage in Aktienwerte zu bewegen. Durch dieses System wurde jedoch die Zweifachbelastung nur gemindert, nicht aber vermieden.

Eine Neuregelung trat dann ab dem 01.01.1977 ein: Durch eine grundlegende Umgestaltung des Körperschaftsteuersystems mit dem Ziel, die Zweifachbesteuerung der ausgeschütteten Gewinne der Körperschaften mit Körperschaftsteuer und Einkommensteuer durch ein sogenanntes "Anrechnungsverfahren" gänzlich zu beseitigen. Damit wurde die Zweifachbelastung der ausgeschütteten Gewinne aufgehoben. Von der Zweifachbesteuerung besonders betroffen waren zuvor die Anteilseigner von Kapitalgesellschaften, weil der erwirtschaftete Gewinn bei der Kapitalgesellschaft der Körperschaftsteuer unterlag, welcher im Falle der Ausschüttung von den Anteilseignern noch einmal der Einkommensteuer oder auch - wenn es sich um eine weitere Körperschaft handelte - der Körperschaftsteuer unterworfen wurde. Vorweg sei folgendes gesagt: Die vollständige Beseitigung der Zweifachbelastung durch das Anrechnungsverfahren beruht auf zwei Grundentscheidungen des Gesetzgebers:

a) Auf der Ebene der ausschüttenden Gesellschaft wird die Körperschaftsteuerbelastung bei Ausschüttungen einheitlich von 45 auf 30 v.H. der Ausschüttung vor Abzug der Körperschaftsteuer herabgesetzt.

b) Bei den Anteilseignern ist die auf den Ausschüttungen lastende Körperschaftsteuer neben dem Kapitalertrag als steuerpflichtige Einnahme anzusetzen und auf die eigene Einkommen- oder Körperschaftsteuer anzurechnen.

Bevor nun in die Tiefen des heutigen Körperschaftsteuerrechts und der Körperschaftsteuerrechtsprechung hinabgestiegen wird, soll die Entscheidungssituation des Gesetzgebers aus dem Jahre 1977 aufgezeigt werden. Zur Erinnerung: Ziel der Körperschaftsteuerreform des Jahres 1977 war die Beseitigung der Zweifachbesteuerung. Der Gesetzgeber hat zur Lösung des Problems den Weg des Anrechnungsverfahrens eingeschlagen. Im folgenden werden zunächst alternative Lösungswege aufgezeigt, da diese in der Literatur immer wieder aufgrund diverser Mängel des Anrechnungsverfahrens aufgegriffen werden.

1.2 Alternative Verfahren zur Vermeidung der Zweifachbesteuerung

Die bis einschließlich 1976 auftretende zweifache Belastung der ausgeschütteten Gewinne von Kapitalgesellschaften läßt sich auf verschiedene Weisen beseitigen.

1. Ersatzlose Abschaffung der Körperschaftsteuer
Die ersatzlose Abschaffung der Körperschaftsteuer ist abzulehnen, weil zumindest die nicht ausgeschütteten (thesaurierten) Gewinne der juristisch selbständigen Person der Körperschaft gänzlich unversteuert blieben.

2. Betriebsteuer für alle Unternehmen
Die Zweifachbelastung mit Körperschaftsteuer und Einkommensteuer wird auf alle betrieblichen Gewinne ausgedehnt, also auch soweit sie von Einzelunternehmen und Personengesellschaften erwirtschaftet werden. Die nachteilige Wirkung der Zweifachbelastung wird dadurch nicht vermieden, sondern wird lediglich für alle betrieblichen Gewinne einheitlich. Eine Betriebsteuer für alle Unternehmen führt jedoch zu erheblichen Problemen bei der Umsetzung: Wie bei einer Kapitalgesellschaft müßte ein "Unternehmerlohn" zum Abzug zugelassen werden. Daran schließt sich die Frage an, wie hoch dieser Unternehmerlohn sein soll. Außerdem: Die für die Besteuerung erforderlichen Angaben ließen sich nur bei Vorliegen ausreichender Aufzeichnungen feststellen. Daher müßte entweder die Buchführungspflicht auf Kleinbetriebe ausgedehnt oder die Betriebsteuer auf buchführende Be-

triebe ausgedehnt werden. Dann wäre aber wieder keine Gleichmäßigkeit der Besteuerung gewährleistet.

3. Teilhabersteuer (Integrationsverfahren)

Für alle körperschaftsteuerpflichtigen Organisationen wird ein einziger Steuersatz erhoben, der dem Spitzensteuersatz der Einkommensteuer entspricht. Dem Anteilsigner wird anschließend sein Anteil am ausgeschütteteten und nicht ausgeschütteten Gewinn der Gesellschaft und die darauf entfallende Körperschaftsteuer als Einkommen zugerechnet. Dafür kann er die von der Gesellschaft gezahlte Körperschaftsteuer von seiner eigenen Körperschaftsteuerschuld absetzen. Die Körperschaftsteuer wirkt damit wie eine Kapitalertragsteuer. Sie ist Einkommensteuervorauszahlung.

Das Integrationsverfahren steht nicht in Einklang mit dem Betriebsvermögensverbund als wirtschaftende Einheit. Die unmittelbare Erfassung beim Anteilsigner über die quotale Zurechnung würde einen Durchgriff durch die juristische Person und damit einen Eingriff in eine zivilrechtliche Grundform der Rechtsordnung darstellen. Probleme ergeben sich auch bei der praktischen Umsetzung des Integrationsverfahrens, mit der insbesondere zwei Fragen verbunden sind:

a) Wie sind Verluste zu behandeln? Wenn den Teilhabern mit der Beschlußfassung über den Jahresabschluß durch die Hauptversammlung neben den Dividenden der zurückbehaltene Teilhaberertrag und die Steuergutschrift zugerechnet werden, dann müßten ihnen im Verlustfall auch die Verluste angelastet werden, wie es z.B. beim Kommanditisten üblich ist. Wenn alle Kleinaktionäre ihre Teilhaberverluste steuerlich geltend machen würden, würde dies beim Lohnsteuerjahresausgleich zu einer erheblichen Mehrarbeit führen. Dieses Problem aber ist nicht so schwerwiegend, da man Verluste bei der Gesellschaft belassen könnte, um sie dort mit zukünftigen Gewinnen verrechnen zu können.

b) Wie sind Gewinnkorrekturen infolge Betriebsprüfungen zu behandeln? Dies würde zum erneuten Aufrollen der Steuerveranlagung von Aktionären führen. Jede Änderung des Gesellschaftsgewinns würde zu einer Berichtigung der Veranlagung der Anteilsigner führen.

4. Gespaltener Steuersatz/Dividendenabzugsverfahren

Beim Dividendenabzugsverfahren wird der Steuersatz für ausgeschüttete Gewinne auf Null gesenkt bzw. die ausgeschütteten Gewinne werden bei der Gesellschaft wie Betriebsausgaben abgesetzt.

Da bei Körperschaften des öffentlichen Rechts sowie bei ausländischen Muttergesellschaften die Dividenden neben der Körperschaftsteuer nur der Kapitalertragsteuer, nicht aber der Einkommensteuer unterliegen, würden diese Gruppen ungerechtfertigte wirtschaftliche Vorteile gegenüber den Anteilsignern erhalten, bei denen die anfallende Dividende voll (einkommen-) besteuert wird.

5. Freistellung der Dividenden von der Einkommensteuer

Nachdem bei 1. der Verzicht auf die Körperschaftsteuererhebung bei der Kapitalgesellschaft auf ausgeschüttete Gewinne fehlgeschlagen ist, folgt nun die Freistellung der Dividenden von der Einkommensteuer. Von den zuvor angesprochenen Verfahren unterscheidet sich diese Methode dadurch, daß die Entlastungswirkung nicht auf der Ebene der Gesellschaft, sondern auf der Ebene der Anteilsigner eintritt. Die Freistellung ist jedoch nicht hinnehmbar, da sie ein Privileg bestimmter Kapitaleinkünfte gegenüber den anderen Einkunftsarten, insbesondere der Einkunft aus nichtselbständiger Arbeit, darstellt.

Vor diesem Hintergrund hat sich der Gesetzgeber im Jahre 1977 für das Anrechnungsverfahren entschieden:

6. Anrechnungsverfahren

Bei diesem Verfahren wird das Einkommen der Körperschaften, Personenvereinigungen und Vermögensmassen, wie bis 1976 üblich, der Körperschaftsteuer unterworfen. Schüttet das Unternehmen Gewinn aus, so werden die Dividenden bei den Anteilsignern mit Einkommensteuer oder - wenn der Anteilsigner selbst körperschaftsteuerpflichtig ist - mit Körperschaftsteuer besteuert. Auf die Steuerschuld des Anteilsigners wird jedoch die Körperschaftsteuer angerechnet. Ist die anrechenbare Körperschaftsteuer höher als die Steuerschuld auf das gesamte Einkommen aus allen Einkunftsarten des Anteilsigners, so wird der übersteigende Betrag an den Anteilsigner erstattet. Die Brutto-Dividende setzt sich beim Anteilsigner folglich aus zwei Komponenten zusammen: (1) aus der Bar-Dividende, die das Unternehmen auszahlt und (2) aus einer Steuergutschrift in Höhe der anrechenbaren Körperschaftsteuer. Die anrechenbare Körperschaftsteuer zählt als Teil der Gesamtdividende zu den Einkünften des Anteilsigners und ist in die Bemessungsgrundlage für seine Steuerberechnung einzubeziehen. Die Begründung für den gespaltenen Steuersatz ergibt sich aus folgender Überlegung: Nicht zur Einkommensteuer veranlagte Anteilsigner zahlen durch den Wegfall der Anrechnungsmöglichkeit der Körperschaftsteuer auf den ausgeschütteten Gewinn (30 Prozentpunkte) sowie der Kapitalertragsteuer (25 v.H. von 100 ./. 30 = 70) auf die Höhe der Einkommensteuer insgesamt 47,5 v.H. Steuern. Dieser liegt knapp unterhalb des Einkommensteuerspitzensatzes. Ein weiterer Vorzug dieser Lösung liegt darin, daß sie die ausschüttende Körperschaft liquiditätsmäßig günstiger stellt als ein System mit einheitlicher Belastung von 45 v.H. für thesaurierte und ausgeschüttete Gewinne. Für den anrechnungsberechtigten Anteilsigner kann es im Grunde jedoch gleichgültig sein - sieht man von Zins- und Liquiditätsaspekten ab -, ob er die Dividende in Form einer höheren Barausschüttung oder - wegen der bei einheitlichem Steuersatz niedrigeren Bar-Dividende - in Verbindung mit einer höheren Steuergutschrift erhält.

Die nachfolgende Übersicht 1 verdeutlicht das Anrechnungsverfahren.

Lesehilfe: Starten Sie auf der linken Seite der Übersicht mit dem Gewinn der Kapitalgesellschaft vor Steuern. Unabhängig von seiner späteren Verwendung unterliegt dieser zunächst dem 45%igen KSt-Satz (§ 23 Abs. 1 KStG), so daß von einem Gewinn vor Steuern in Höhe von 100 DM bei der Gesellschaft 55 DM verbleiben. Entschließt sich die Gesellschaft zur Ausschüttung dieses verwendbaren Eigenkapitals, so reduziert sich die Tarifbelastung von 45% auf die Ausschüttungsbelastung in Höhe von 30%. Diese Änderung des KSt-Satzes wird als KSt-Minderung bezeichnet. Die Gesellschaft schüttet 55 DM aus dem verwendbaren Eigenkapital plus die KSt-Minderung in Höhe von 15 DM aus, die ebenfalls als für die Ausschüttung verwendet gilt (§ 28 Abs. 6 KStG).

Die Ausschüttung hat damit folgende Struktur: Bar-Dividende 70 DM (55 + 15) und Ausschüttungsbelastung 30 DM. Auf der Bar-Dividende in Höhe von 70 DM lastet die 25%ige Kapitalertragsteuer (25% von 70 DM = 17,5 DM (§ 43 Abs. 1 Nr. 1, § 43a Abs. 1 Nr. 1 EStG)), so daß eine Netto-Dividende in Höhe von 52,5 DM verbleibt. Diese Netto-Dividende wird bar an den Anteilseigner ausgezahlt.

Der Anteilseigner erhält neben der Netto-Dividende eine Gutschrift auf seine Einkommen-/Körperschaftsteuerschuld in Höhe von 47,5 DM. Der Anteilseigner versteuert die Brutto-Dividende in Höhe von 100 DM, die sich aus der Netto-Dividende (52,5 DM) und der Gutschrift der Quellensteuern zusammensetzt. Die Gutschrift in Höhe von 47,5 DM setzt sich aus dem körperschaftsteuerlichen Anrechnungsguthaben (30 DM) sowie der Kapitalertragsteuer-Gutschrift (17,5 DM) zusammen und wird von der Einkommen-/Körperschaftsteuerschuld in Abzug gebracht (§ 36 Abs. 2 Nr. 2 u. 3 EStG). Liegt beispielsweise der individuelle Einkommensteuersatz des Anteilseigners bei 40%, so erhält der Anteilseigner eine Steuervergütung in Höhe von 7,5 DM.

Übersicht 1: Das Anrechnungsverfahren

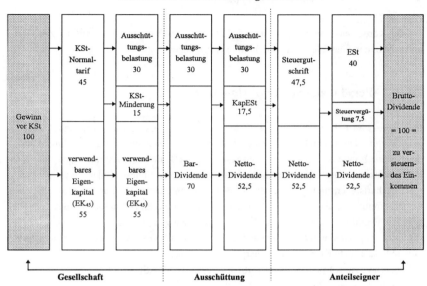

1.3 Rechtsgrundlagen der Körperschaftsteuer

Zu den zur Zeit aktuellen Rechtsgrundlagen für die Körperschaftsteuer zählt
1) das KStG in der Neufassung von 1996 (BGBl. I v. 4.03.1996, S. 340 ff.).
2) Daneben gibt es die KSt-Durchführungsverordnung (1996), die als gesetzliche Verordnung einzelne Erläuterungen zu der vom Gesetz nur in groben Zügen umrissenen Besteuerung gibt und außerdem die
3) KSt-Richtlinien. Diese Richtlinien sind ohne Gesetzescharakter. Als Verwaltungsanweisung sind sie lediglich Rechtshilfen der Finanzverwaltung und dienen so der Auslegung der körperschaftsteuerlichen Vorschriften. Die KSt-Richtlinien werden ungefähr alle 5 Jahre überarbeitet herausgegeben, zuletzt im Januar 1996 (KStR 1995 vom 15.12.1995, BStBl. I, Sondernummer 1/1996).
4) Neben den spezifischen körperschaftsteuerlichen Regelungen zählen auch die Vorschriften des EStG und der ESt-Durchführungsverordnung zu den Rechtsgrundlagen. Das KSt-Recht ist ein Teilgebiet des ESt-Rechtes im weiteren Sinne. Der Gegenstand der Besteuerung ist bei der KSt wie bei der ESt das Einkommen.

2. Die Körperschaftsteuerpflicht

Bei der Körperschaftsteuerpflicht stellt sich die Frage, wer mit was steuerpflichtig ist. Darauf wird in den nachfolgenden Abschnitten eingegangen.

2.1 Persönliche Steuerpflicht - Wer?

In den meisten Fällen wird auf die Frage, "wer ist körperschaftsteuerpflichtig?" spontan geantwortet: "Die Kapitalgesellschaften!" Dies ist grundsätzlich richtig, allerdings können der KSt auch eine Reihe weiterer Körperschaften, z.B. Personenvereinigungen oder Vermögensmassen, unterliegen. Durch die Unterscheidung in unbeschränkte und beschränkte Körperschaftsteuerpflicht sowie durch den umfangreichen Katalog von persönlichen Steuerbefreiungen, die wiederum für bestimmte Einkünfte eingeschränkt werden, gestaltet sich die Ermittlung einer KSt-Pflicht wesentlich schwieriger als vielleicht ursprünglich vermutet. Allgemein unterscheidet das KStG - wie das EStG - *drei Arten der Steuerpflicht:*
- die unbeschränkte Körperschaftsteuerpflicht (§ 1 KStG),
- die beschränkte Körperschaftsteuerpflicht (§ 2 Nr. 1 u. 2 KStG) und
- die partielle Steuerpflicht (§ 5 Abs. 2 KStG).

Einen ersten Überblick vermittelt die folgende Übersicht 2:

Übersicht 2: Persönliche Steuerpflicht nach dem KStG

Persönliche Steuerpflicht nach dem KStG		
Unbeschränkte Körperschaftsteuerpflicht (§ 1 Nr. 1 bis 6 KStG)	Beschränkte Körperschaftsteuerpflicht (§ 2 Nr. 1 u. 2 KStG)	Partielle Körperschaftsteuerpflicht (§ 5 Abs. 2 KStG)
• Juristische Personen des privaten Rechts, • nicht rechtsfähige Personenvereinigungen und Vermögensmassen • sowie gewerbliche Betriebe von juristischen Personen des öffentlichen Rechts mit Sitz oder Geschäftsleitung im Inland.	• Ausländische Körperschaften mit ihren inländischen Einkünften i.S. von § 49 EStG (§ 2 Nr. 1 KStG) • Inländische Körperschaften des öffentlichen Rechts mit inländischen Einkünften (§ 2 Nr. 2 KStG)	Steuerbefreite Körperschaften i.S. des § 5 Abs. 1 KStG • mit inländischen steuerabzugspflichtigen Einkünften und/oder • mit Gewinnausschüttungen oder sonstigen Leistungen.

2.1.1 Unbeschränkte Körperschaftsteuerpflicht

Unbeschränkt steuerpflichtig sind die Körperschaften, Personenvereinigungen und Vermögensmassen,
- welche die rechtsformspezifischen Merkmale des § 1 KStG erfüllen **und**
- ihren *Sitz* oder *Geschäftsleitung* im Inland haben.

Welche Körperschaften, Personenvereinigungen und Vermögensmassen und damit welche Rechtsformen unter der Voraussetzung eines inländischen Sitzes oder einer inländischen Geschäftsleitung im einzelnen gemeint sind, ergibt sich aus der enumerativen Aufzählung des § 1 Abs. 1 Nr. 1 bis 6 KStG. Der Kreis der Steuersubjekte, die unter die unbeschränkte Steuerpflicht unter der Voraussetzung mit Sitz oder mit Geschäftsleitung im Inland fallen, ist abschließend in § 1 Abs. 1 KStG aufgezählt (siehe auch Abschn. 2 Abs. 1 S. 1 KStR 1995).

1. Kapitalgesellschaften; das sind die AG, die KGaA, die GmbH und die bergrechtlichen Gewerkschaften. Aufgrund ihrer bedeutenden Rolle im Wirtschaftsleben sind die AG und die GmbH die beiden wichtigsten körperschaftsteuerpflichtigen juristischen Personen. Das Steueraufkommen aus der Körperschaftsteuer hängt weitgehend von ihnen ab.

2. Erwerbs- und Wirtschaftsgenossenschaften (das sind Gesellschaften mit nicht geschlossener Mitgliederzahl, die das Ziel verfolgen, durch gemeinsame wirtschaftliche Mittel ihren eigenen Erwerbszweig zu fördern oder die Wirtschaftskraft ihrer Mitglieder zu stärken, z.B. Volksbanken e.G.).

3. Versicherungsvereine auf Gegenseitigkeit (das sind Personenvereinigungen, bei denen die Mitglieder eine Solidargemeinschaft ohne Gewinnerzielungsabsicht bilden und die erst durch die Erlaubnis der Aufsichtsbehörde rechtsfähig werden).

4. Sonstige juristische Personen des privaten Rechts. Es sind die mit eigener Rechtspersönlichkeit ausgestatteten Vereine, Anstalten, Stiftungen und andere Zweckvermögen, die auf einen wirtschaftlichen Geschäftsbetrieb ausgerichtet sind. Diese sind aber nur dann selbst körperschaftsteuerpflichtig, wenn ihr Einkommen weder nach dem KStG noch EStG unmittelbar bei anderen steuerpflichtig ist. Beispielsweise der Funktaxi e.V.: Örtliche Taxiunternehmen schließen sich zusammen, zahlen eine Jahresgebühr und die Zentrale vermittelt ihnen Kunden. Weitere rechtsfähige Vereine sind z.B. die privatärztliche Verrechnungsstelle e.V. oder der Lohnsteuerhilfeverein.

5. Nichtrechtsfähige Vereine, Anstalten, Stiftungen und andere Zweckvermögen, deren Einkommen nicht bei einem anderen Steuerpflichtigen zu versteuern ist. Z.B. ruft eine Illustrierte zu Spenden für Grosny auf und richtet ein Sammelkonto ein, so sind die Zinserträge auf diesem Konto körperschaftsteuerpflichtig.

6. Betriebe gewerblicher Art von juristischen Personen des öffentlichen Rechts, die der Erzielung von Einnahmen dienen und sich aus der Gesamtbetätigung der juristischen Person wirtschaftlich heraushebt. Im Grundsatz sollen alle Einrichtungen der öffentlichen Hände der KSt unterliegen, die das äußere Bild eines Gewerbebetriebes haben, z.B. Stadtwerke, Studentenwerk, öffentlich-rechtliche Rundfunkanstalt, etc.

Zu den Merkmalen i.S. des § 1 KStG:

Die zivilrechtlichen Grundlagen der in Absatz 1, Nummer 1 bis 6, genannten Gebilde finden sich im Aktiengesetz, GmbH-Gesetz, Allgemeinen Berggesetz, Genossenschaftsgesetz, Versicherungsaufsichtsgesetz und im Bürgerlichen Gesetzbuch.

Der in Nummer 6 verwendete Begriff „Betriebe gewerblicher Art von juristischen Personen des öffentlichen Rechts (§ 1 Nr. 6 KStG)" ist zivilrechtlich nicht bestimmt. Steuerrechtlich ist zwischen dem Begriff des Gewerbebetriebes i.S. des EStG und des KStG zu unterscheiden.

Gemäß § 15 Abs. 2 *EStG* setzt das Vorliegen eines Gewerbebetriebes
- eine selbständige, nachhaltige Betätigung voraus,
- die mit der Absicht Gewinn zu erzielen unternommen wird und
- sich als Beteiligung am allgemeinen wirtschaftlichen Verkehr darstellt.

Dabei darf es sich weder um die Ausübung der Land- und Forstwirtschaft noch um die eines freien Berufes oder selbständiger Arbeit handeln. Es darf auch keine private Vermögensverwaltung sein.

Gemäß § 4 Abs. 1 *KStG* sind die Merkmale
- "Gewinnerzielungsabsicht" und
- "Beteiligung am allgemeinen wirtschaftlichen Verkehr"

jedoch nicht erforderlich. Ein Betrieb gewerblicher Art einer juristischen Person des öffentlichen Rechts ist hiernach jede Einrichtung, die einer nachhaltigen Tätigkeit zur Erzielung von Einnahmen außerhalb der Land- und Forstwirtschaft dient.

Die neben der *Rechtsform* für die unbeschränkte Steuerpflicht bedeutsamen Merkmale "Sitz" und "Geschäftsleitung" sind in § 10 AO bzw. § 11 AO geregelt. Eine Teildefinition des Inlandbegriffes findet sich in § 1 Abs. 3 KStG.

1. Ihren *Sitz* hat eine Körperschaft an dem Ort, der durch den Gesellschaftsvertrag, die Satzung oder eine andere entsprechende vertragliche Vereinbarung bestimmt ist (§ 11 AO).
2. Als Ort der *Geschäftsleitung* ist der Mittelpunkt der geschäftlichen Oberleitung anzusehen. Dieser befindet sich an der Stelle, wo sich die Büroräume des oder der leitenden Geschäftsführer befinden bzw. von der aus die wichtigsten geschäftlichen Entscheidungen getroffen werden (z.b. die Hauptverwaltung). In aller Regel werden dort auch die für die Entscheidungsbildung erforderlichen Geschäftsunterlagen aufbewahrt (§ 10 AO).
3. Zum *Inland* gehört der Geltungsbereich des Grundgesetzes und der in § 1 Abs. 3 KStG abgegrenzte Teil des Festlandsockels.

Beispiele für Körperschaften, die das Kriterium „mit Sitz oder Geschäftsleitung im Inland" erfüllen:
1. Die X-AG hat ihren Sitz in Brüssel und ihr Zentralbüro in München. Es besteht unbeschränkte Körperschaftsteuerpflicht, weil sich die Geschäftsleitung im Inland befindet.
2. Die schweizerische Y-AG hat ihren Sitz in Zürich, ihre Geschäftsleitung in Bern, ein Zweigwerk in Frankfurt am Main. Die Y-AG ist mangels inländischen Sitzes und inländischer Geschäftsleitung nicht unbeschränkt steuerpflichtig. Wegen der beschränkten Steuerpflicht für die inländische Betriebsstätte vergleiche § 2 Nr. 1 KStG.

Die unbeschränkte Steuerpflicht erstreckt sich auf sämtliche inländischen und ausländischen Einkünfte im Sinne von § 2 EStG (das sogenannte Welteinkommen), die nicht aufgrund entsprechender Vorschriften (z.B. Doppelbesteuerungsabkommen) steuerbefreit sind.

Persönliche und sachliche Steuerbefreiungen ergeben sich aus dem KStG (z.B. §§ 5, 6 KStG), dem EStG (z.B. § 3 EStG), anderen Gesetzen (z.B. Investitionszulagengesetz, Berlinförderungsgesetz) und den Doppelbesteuerungsabkommen (z.B. DBA-USA).

Beispiel:
3. Die X-AG mit Sitz und Geschäftsleitung in München hat Zweigwerke in Ulm, Hamburg, Amsterdam und Liechtenstein. Grundsätzlich ist die AG mit den Einkünften aus allen Betriebsstätten im In- und Ausland unbeschränkt körperschaftsteuerpflichtig. Aufgrund des DBA mit den Niederlanden unterliegen jedoch die dort erzielten Einkünfte nicht der deutschen Besteuerung.

2.1.2 Beschränkte Körperschaftsteuerpflicht

Zu unterscheiden ist der Normalfall der beschränkten Steuerpflicht nach § 2 Nr. 1 KStG und der in § 2 Nr. 2 KStG geregelte Sonderfall.

Normalfall: Als beschränkt steuerpflichtige Körperschaften im Sinne von § 2 Nr. 1 KStG kommen nur solche Rechtsgebilde in Betracht, die den in § 1 Abs. 1 Nr. 1 bis 6 KStG genannten Körperschaften, Personenvereinigungen und Vermögensmassen entsprechen. Voraussetzungen für die beschränkte Steuerpflicht nach § 2 Nr. 1 KStG sind das Fehlen eines inländischen Sitzes *und* einer inländischen Geschäftsleitung einerseits, aber das Vorhandensein inländischer Einkünfte im Sinne von § 49 EStG andererseits oder positiv formuliert: Eine ausländische Gesellschaft ist mit ihrem in der BRD erzielten Einkommen körperschaftsteuerpflichtig.

Beispiel:
4. Die X-S.A. mit Sitz und Geschäftsleitung in Paris unterhält in Saarlouis ein Zweigwerk. Es besteht beschränkte Körperschaftsteuerpflicht nach § 2 Nr. 1 KStG, weil die S.A. der deutschen Aktiengesellschaft entspricht, hier weder Sitz noch Geschäftsleitung im Inland hat, aber inländische Einkünfte im Sinne von § 49 Abs. 1 Nr. 1 EStG bezieht. Doppelbesteuerungsabkommen werden im Beispiel nicht berücksichtigt.

Gleiches würde gelten, wenn eine deutsche GmbH der Bezieher der Einkünfte mit Sitz und Geschäftsleitung in Liechtenstein wäre.

Sonderfall: Der Kreis der Steuersubjekte ist bei der beschränkten Steuerpflicht weiter als bei der unbeschränkten Steuerpflicht, denn er umfaßt - vorbehaltlich § 3 Abs. 1 KStG - alle Körperschaften, Personenvereinigungen und Vermögensmassen des privaten und öffentlichen Rechts. Zur Erinnerung: § 1 KStG trifft für die unbeschränkte Steuerpflicht eine rechtsformspezifische Auswahl, die aber für die beschränkte Steuerpflicht entfällt.
Der beschränkten Steuerpflicht nach § 2 Nr. 2 KStG unterliegen die Beteiligungserträge der *juristischen Personen des öffentlichen Rechts*, die dem Steuerabzug unterliegen und außerhalb eines Betriebes gewerblicher Art anfallen. Von den Beteiligungserträgen wird lediglich Kapitalertragsteuer erhoben. Mit dem Steuerabzug ist die gesamte Körperschaftsteuer abgegolten (vgl. § 50 Abs. 1 Nr. 2 KStG).

Beispiel:
5. Die Stadt Frankfurt/Main ist zu 100 v.H. an der Parkhaus-GmbH mit Sitz und Geschäftsleitung im Inland beteiligt. Die GmbH hat von den Gewinnausschüttungen an die Stadt 25 v.H. Kapital-

ertragsteuer einzubehalten (§§ 43, 44 EStG), weil die Stadt insoweit beschränkt steuerpflichtig nach § 2 Nr. 2 KStG ist.

Die nachstehende Übersicht faßt die Arten der Steuerpflicht für die AG und die GmbH zusammen.

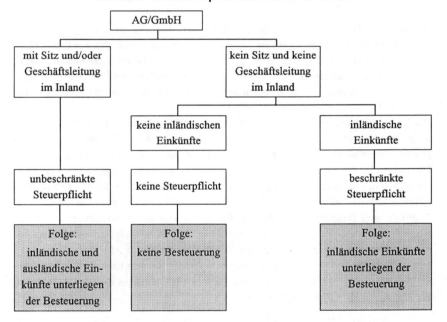

Übersicht 3: Die Steuerpflicht der AG und der GmbH

2.1.3 Partielle Körperschaftsteuerpflicht

Der partiellen Körperschaftsteuerpflicht (§ 5 Abs. 2 KStG) unterliegen unbeschränkt steuerpflichtige Körperschaften, Personenvereinigungen oder Vermögensmassen, die nach § 5 Abs. 1 KStG von der Körperschaftsteuer befreit sind,
- aber dennoch Einkünfte beziehen, welche dem Steuerabzug unterliegen, oder
- Ausschüttungen oder sonstige Leistungen vornehmen/gewähren, für welche die Ausschüttungsbelastung herzustellen ist.

Beispiel:

6. Übersteigt das Vermögen einer Pensionskasse (Summe der Aktiva abzüglich Summe der Passiva) bestimmte Höchstgrenzen (§ 6 Abs. 1 KStG), beispielsweise um 10%, dann sind auch 10% des Einkommens der Pensionskasse steuerpflichtig.

2.1.4 Zusammenfassung

"Rechtsgebilde" sind nur dann als Körperschaftsteuersubjekt im Sinne des § 1 KStG zu qualifizieren, wenn sie sich unter eine der in Absatz 1 genannten abschließend aufgezählten Körperschaften, Personenvereinigungen und Vermögensmassen subsumieren lassen. Die Rechtsform ist alleine dafür maßgeblich, ob ein Rechtsgebilde einer der Ziffern des § 1 Abs. 1 KStG zuordbar ist. Der Zweck oder die Gründe für die Wahl der Rechtsform ist unerheblich.

Das Körperschaftsteuerrecht wie auch das Bürgerliche Recht sehen in den juristischen Personen *Rechtsträger mit eigener Willensbildung*. Entscheidend für die Körperschaftsteuerpflicht ist nach ständiger Rechtsprechung des BFH daher die Rechtsform eines Gebildes. Die juristische Person *kann selbständig klagen* oder verklagt werden und ist insofern rechtsfähig in vollem Sinne. Dazu gehört auch die Ein-Mann-GmbH. Es ist gesellschaftsrechtlich zulässig, daß ein einziger Gesellschafter sämtliche Anteile einer GmbH hält (§ 1 GmbH-Gesetz). Beispielsweise kann Frau A 100% Anteile an der A-GmbH halten. Auch wenn eine natürliche Person sämtliche Anteile einer GmbH hält, bleibt die GmbH als juristische Person selbständig körperschaftsteuerpflichtig gemäß § 1 Abs. 1 KStG. Der Alleingesellschafter ist also nicht per se Gewerbetreibender, sondern kann als Geschäftsführer Einkünfte aus § 19 EStG sowie als Bezieher von Ausschüttungen der GmbH Einkünfte aus § 20 Abs. 1 Nr. 1 und 3 EStG erzielen.

Diese Grundsätze gelten auch bei Ehegatten oder Familien-GmbHs. Der Unterschied zu der Ein-Mann-Gesellschaft als Einzelfirma liegt nur darin, daß bei der Ein-Mann-GmbH kein Durchgriff möglich ist. Der Vorteil: Das Gesellschafter-Geschäftsführergehalt kann ebenso wie die Pensionszusagen an den Geschäftsführer als Aufwand/Betriebsausgabe bei der Gewinnermittlung geltend gemacht werden.

In Übersicht 4 ist das Prüfungsschema zur Bestimmung der Körperschaftsteuerpflicht dargestellt.

Die Körperschaftsteuerpflicht

Übersicht 4: Prüfungsschema zur Körperschaftsteuerpflicht

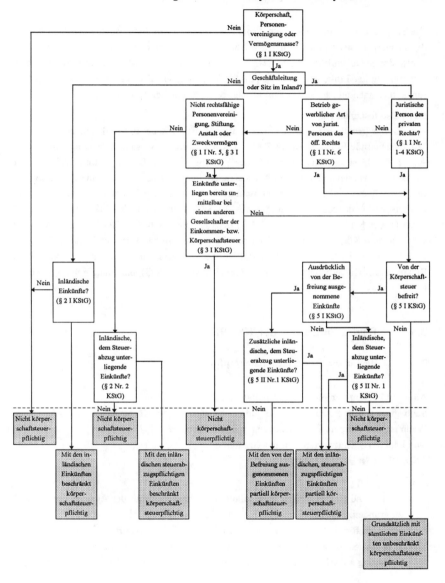

2.2 Sachliche Steuerpflicht - Was?

Die Steuerpflicht kennt neben dem Aspekt der persönlichen Steuerpflicht auch den Aspekt der sachlichen Steuerpflicht. Die sachliche Steuerpflicht erstreckt sich auf sämtliche Einkünfte des Steuersubjektes nach § 1 Abs. 2 KStG. Auch beim KStG ist grundsätzlich eine Abgrenzung der Einkünfte nach § 2 Abs. 1 *EStG* möglich. Dabei muß zwischen buchführungspflichtigen und sonstigen Körperschaften unterschieden werden.

Es ist also festzuhalten:
Bemessungsgrundlage für die Körperschaftsteuer ist - wie bei der Einkommensteuer - das "zu versteuernde Einkommen" (§ 7 Abs. 1 KStG). Das "zu versteuernde Einkommen" (§ 7 Abs. 1 KStG) ist das Einkommen i.S. des § 8 Abs. 1 KStG. Da die KSt eine Jahressteuer ist, ist der Veranlagungszeitraum das Kalenderjahr (§ 7 Abs. 3 S. 1 KStG). *Ermittlungszeitraum* für das Einkommen ist bei nicht nach dem HGB zur Buchführung verpflichteten Körperschaften das Kalenderjahr (§ 7 Abs. 3 KStG). Dabei sind alle Einkunftsarten des § 2 EStG (außer § 19 und § 22 Nr. 4 EStG) denkbar. Bei nach dem HGB zur Buchführung verpflichteten Körperschaften ist der Ermittlungszeitraum das Wirtschaftsjahr (§ 7 Abs. 4 S. 1 KStG). Bei diesen buchführungspflichtigen Körperschaften sind alle Einkünfte als Einkünfte aus Gewerbebetrieb zu behandeln (§ 8 Abs. 2 KStG), unabhängig von § 2 Abs. 1 EStG.

2.3 Beginn und Ende der KSt-Pflicht

2.3.1 Beginn der Körperschaftsteuerpflicht

Ab wann beginnt nun die Körperschaftsteuerpflicht?
Sie beginnt selbstverständlich mit Beginn der Tätigkeit einer Körperschaft.
Wann ist eine Körperschaft entstanden, z.B. eine GmbH?
Nun könnten Sie antworten: Mit der Gründung.
Aber: Wann ist sie gegründet?

Beispiel:
1. Frau A und Herr B treffen sich Anfang des Jahres 1996 mit der Absicht, eine GmbH zu gründen. Sie schließen zunächst einen internen Vertrag ab.
    Vor dem förmlichen Abschluß eines GmbH-Gesellschaftsvertrages bzw. der Feststellung der Satzung einer AG in notarieller Form erfolgt im allgemeinen eine Vereinbarung zwischen den künftigen Gesellschaftern, in der sie die Gründung der Kapi-

talgesellschaft beschließen (Vorvertrag). Diese *Vorgründungsgesellschaft* wird als Personengesellschaft (BGB-Gesellschaft), bei Geschäftsbeginn vor Eintragung ins Handelsregister jedoch als offene Handelsgesellschaft behandelt. Die GmbH macht nun inzwischen Geschäfte als Vorgründungsgesellschaft. Die Vorgründungsgesellschaft kann bereits Einnahmen erzielen.

Die steuerliche Behandlung der Vorgründungsgesellschaft entspricht ihrer zivilrechtlichen Natur als Personengesellschaft, die nicht körperschaftsteuerpflichtig ist. Die Gründer erzielen unmittelbar selbst die Einkünfte, die im Rahmen einer einheitlichen und gesonderten Feststellung ermittelt werden. Dies gilt unabhängig davon, ob es später zum Abschluß des förmlichen Gesellschaftsvertrages und der Eintragung ins Handelsregister kommt. Die Vorgründungsgesellschaft, die sich auf die Zeit vor Abschluß der notariellen Beurkundung bezieht, ist weder mit der Vorgesellschaft noch mit der später entstehenden Kapitalgesellschaft identisch. Daher wirkt die Körperschaftsteuerpflicht auch nicht auf die Vorgründungsgesellschaft zurück (Abschn. 2 Abs. 4 KStR 1995).

2. Die in der Vorgründungsgesellschaft getroffenen Vereinbarungen müssen dann beim Notar beurkundet (nicht beglaubigt) werden. Durch Abschluß des förmlichen Gesellschaftsvertrages bzw. Feststellung der Satzung entsteht die *Vorgesellschaft*. Die zwischen dem Abschluß des notariell beurkundeten Gesellschaftsvertrages und der Eintragung in das Handelsregister bestehende Vorgesellschaft wird auch als Gründergesellschaft bezeichnet. Eine GmbH führt daher im Stadium der Vorgesellschaft im Namenszug der Gesellschaft den Zusatz GmbH i.G. Zivilrechtlich gelten die Vorgesellschaft und die nach Eintragung rechtlich entstandene *Kapitalgesellschaft* als dieselbe Person, denn soweit AktG und GmbHG nicht ausdrücklich die rechtliche Existenz der Kapitalgesellschaft voraussetzen, gelten bereits Aktien- und GmbH-Recht. Auch im Steuerrecht geht man von dieser Identität aus, d.h. die Körperschaftsteuerpflicht beginnt bereits, wenn neben dem Abschluß des formgültigen Gesellschaftsvertrages - folglich dem Stadium der Vorgesellschaft, in dem die Satzung/der Gesellschaftsvertrag notariell beurkundet ist - folgende weitere Voraussetzungen erfüllt sind (Abschn. 2 Abs. 3 KStR 1995):

- Vorhandensein von Vermögen (Einlagen),
- keine ernsten Hindernisse für die Handelsregister-Eintragung,
- alsbaldiges Nachfolgen der Eintragung,
- Aufnahme einer nach außen gerichteten Geschäftstätigkeit.

3. Der Notar reicht nun den GmbH-Vertrag zur Anmeldung und Eintragung beim Handelsregister ein. Eingetragen wird die Firma zum 1.10.1996. Die rechtliche Existenz der Kapitalgesellschaft beginnt mit der Eintragung ins Handelsregister (konstitutive Wirkung).

Die Firma hat im Beispiel bis zum Ende des Jahres, d.h. bis zum 31.12.1996 Geschäfte abgewickelt. Ab wann wird sie zur Körperschaftsteuer veranlagt?

Dazu ist zunächst zu prüfen, wann die GmbH konstitutiv entstanden ist und wann sie nun tatsächlich nach den rechtlichen Voraussetzungen steuerlich als Körperschaft entsprechend behandelt wird.

Der Beschluß des Gründers ("1.") zur Errichtung einer Gesellschaft per Vorvertrag reicht nicht aus, um eine KSt-Pflicht zu begründen. Die Vorgründungsgesellschaft wird als BGB-Gesellschaft behandelt. Es erfolgt eine einheitliche und gesonderte Gewinnfeststellung und die Gründer haben Einkünfte aus § 15 Abs. 1 Nr. 2 EStG (Einkünfte aus Gewerbebetrieb).

Der Beginn der KSt-Pflicht kann frühestens zum Zeitpunkt des Abschlusses des formgültigen Gesellschaftsvertrages("2.") (z.B. bei GmbH gemäß § 2 Abs. 1 GmbHG) angenommen werden. Diese Vorgesellschaft oder Gründungsgesellschaft (GmbH i.G.) ist zwar noch keine juristische Person, mit der Aufnahme der Geschäftätigkeit nach außen beginnt jedoch die Steuerpflicht. Es genügt also für die Steuerpflicht nicht, wenn nur Geschäftsvorgänge im Innenverhältnis zwischen der Kapitalgesellschaft und ihren Gesellschaftern erfolgen, z.B. die Bestellung eines Geschäftsführers oder die Einforderung von Stammeinlagen.

Unabhängig von der Aufnahme der Geschäftätigkeit nach außen sind die Voraussetzungen der Steuerpflicht auch dann erfüllt, wenn die GmbH tatsächlich nicht nur auf dem Papier notariell existiert, sondern auch im Handelsregister (HR) angemeldet und eingetragen ist. Dazu muß eine GmbH jedoch formgerecht erfüllt sein.

Übersicht 5: Beginn der Steuerpflicht

Zeitebene	1.1.1996	1.5.1996	1.10.1996
zivilrechtliche Ebene	Interner Vertrag zwischen den Gesellschaftern (Vorgründungsgesellschaft)	Vertrag, der durch einen Notar beurkundet wird (Vorgesellschaft, z.B. GmbH i.G.)	Notar reicht den GmbH-Vertrag zur Anmeldung und Eintragung in das HR ein
realökonomische Ebene	Räumlichkeiten werden angemietet, Produktion beginnt	Die GmbH i.G. macht Geschäfte, erzielt Einkommen	Kapitalgesellschaft macht Geschäfte
steuerrechtliche Ebene	Vorgründungsgesellschaft wird wie eine Personengesellschaft (OHG) behandelt	1. Abschluß des formgültigen Gesellschaftsvertrages nebst Erfüllung der Voraussetzung des Abschn. 2 Abs. 3 KStR 1995 oder aber spätestens 2. mit der HR - Eintragung, wenn die Aufnahme der Geschäftstätigkeit dieser nachgelagert ist.	

2.3.2 Ende der Steuerpflicht

Die Gründe für die Auflösung von juristischen Personen sind sehr vielfältig. Jedoch behalten die juristischen Personen ihre rechtliche Existenz bis zu dem Zeitpunkt, in dem sie im jeweiligen Register gelöscht werden (z.B. GmbH i.L.).

Im Falle einer Liquidation endet die persönliche Steuerpflicht bei Vorliegen aller nachfolgenden drei Voraussetzungen:
1. die tatsächliche Beendigung der geschäftlichen Betätigung,
2. die Beendigung der Verteilung des gesamten vorhandenen Vermögens an die Gesellschafter oder sonstige berechtigte Personen und
3. ggf. der Ablauf eines gesetzlich vorgeschriebenen Sperrjahres (§ 73 GmbHG).

2.4 Steuerbefreiungen der Körperschaften

2.4.1 Persönliche Steuerbefreiungen

Zu den persönlichen Steuerbefreiungen, die in § 5 KStG abschließend aufgelistet sind, zählen diejenigen Körperschaften, die an sich vom Typ her zu den unbeschränkt körperschaftsteuerpflichtigen Körperschaften zählen, die aber kraft Gesetz von der Körperschaftsteuer befreit werden. Es sind Befreiungen, die nicht steuersystematisch zu erkennen sind wie z.B. die Steuerbefreiung von ausländischen Unternehmen, die ihren Sitz nicht im Inland haben und auch nicht hier erfaßt werden können. Die Befreiungen sind vielmehr für Unternehmen ausgesprochen, die de facto die Voraussetzungen einer Steuerpflicht erfüllen, aber aufgrund einer bestimmten Öffentlichkeitsarbeit bzw. einem Wirken für die Allgemeinheit von der Steuerpflicht befreit sind. Damit wird gegen das Prinzip der Gleichheit der Besteuerung verstoßen. Von der Steuerpflicht befreit sind

1. die Deutsche Post AG, die Bundesbahn (Monopolverwaltung), die Deutsche Reichsbahn,
2. die Deutsche Bundesbank und verschiedene Banken im öffentlich-rechtlichen Bereich, z.B. die Kreditanstalt für Wiederaufbau oder die Deutsche Ausgleichsbank,
3. rechtsfähige Pensions-, Sterbe- und Krankenkassen,
4. bestimmte kleinere Versicherungsvereine auf Gegenseitigkeit,
5. Berufsverbände ohne öffentlichen Charakter,
6. Körperschaften, die verwaltend tätig sind für nicht rechtsfähige Berufsverbände,
7. politische Parteien i.S. des § 2 Parteiengesetzes,
8. öffentlich-rechtliche Versicherungen,
9. gemeinnützige, mildtätige Körperschaften in Form von Personenvereinigungen und Vermögensmassen, die nach Satzung, Stiftungsgeschäft oder sonstiger Verfassung und nach der tatsächlichen Geschäftsführung ausschließlich und unmittelbar gemeinnützigen (§ 52 AO), mildtätigen (§ 53 AO) oder kirchlichen (§ 54 AO) Zwecken dienen,
10. Erwerbs- und Wirtschaftsgenossenschaften sowie Vereine, soweit sie Wohnungen herstellen und erwerben und sie den Mitgliedern aufgrund einer genossenschaftlichen Nutzung zum Gebrauch überlassen (Die Steuerbefreiung ist aber ausgeschlossen, wenn die Einnahmen des Unternehmens aus den in Satz 1 nicht bezeichneten Tätigkeiten 10 v.H. der gesamten Einnahmen übersteigen),

usw. (bis 17., siehe hierzu § 5 EStG)

Sie sehen: Es kommt im KStG zu Ausnahmeregelungen, die nicht nur auf dem Gedanken des Sozialstaates beruhen, sondern mehrere Gründe haben. Für eine Befreiung kommen die folgenden Argumente in Frage:
1. Verwaltungs- und politische Vereinfachung: Staatliche Institutionen, die in einem sozialen Rechtsstaat zu einer Selbstzahlung führen würden, werden von der KSt befreit.
2. Wirtschaftliche Tatbestände.
3. Soziale Tatbestände.

Alle diese drei Bereiche - politische, wirtschaftliche und soziale Tatbestände - durchbrechen das Prinzip der an sich steuerpflichtigen Unternehmen mit dem Rechts- und Gleichheitsgrundsatz.

Die Übersicht 6 gibt einen Überblick über das Prüfungsschema zur Körperschaftsteuerbefreiung.

2.4.2 Beginn und Ende der Steuerbefreiung

1. Zu Beginn der Steuerbefreiung einer buchführungspflichtigen Körperschaft, Personenvereinigung oder Vermögensmasse ist für den Zeitpunkt, in dem die Steuerpflicht endet, eine Steuerbilanz aufzustellen, um die während der Zeit der Steuerpflicht angesammelten stillen Reserven zu erfassen (§ 13 KStG, Abschn. 47 KStR)
2. Zum Ende der Steuerbefreiung einer buchführungspflichtigen Körperschaft, Personenvereinigung oder Vermögensmasse ist für den Zeitpunkt, in dem die Steuerpflicht endet, eine Anfangsbilanz aufzustellen, um die während der Zeit der Steuerfreiheit entstandenen stillen Reserven nicht von der Besteuerung zu erfassen (§ 13 KStG).

Bei Beginn und Ende der Steuerbefreiung von Körperschaften, Personenvereinigungen oder Vermögensmassen, die ausschließlich und unmittelbar der Förderung wissenschaftlicher Zwecke oder der Förderung der Erziehung, Volks- und Berufsausbildung dient, gelten die Besonderheiten des § 13 Abs. 4 KStG.

☞ Literatur: Abschn. 47 KStR 1995 mit Beispielen zum Beginn und Erlöschen einer Steuerbefreiung

Übersicht 6: Prüfungsschema zur Körperschaftsteuerbefreiung

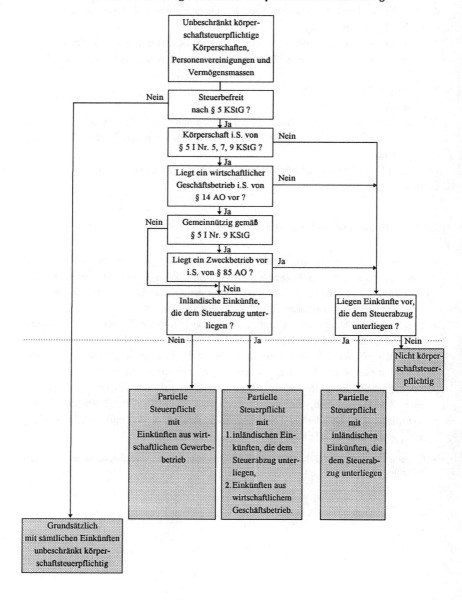

2.5 Steuervergünstigungen

Neben Steuerbefreiungen regelt das KStG eine Reihe von Steuervergünstigungen. Dazu zählen:
1. Der Freibetrag für kleinere Körperschaften, Personenvereinigungen oder Vermögensmassen, deren Leistungen bei den Empfängern nicht zu den Einnahmen nach § 20 Abs. 1 Nr. 1 oder 2 EStG gehören und nicht zu den land- und forstwirtschaftlichen Vereinen des § 25 KStG gehören => 7.500 DM, höchstens jedoch in Höhe des Einkommens (§ 24 KStG).
2. Der Freibetrag für Erwerbs- und Wirtschaftsgenossenschaften und Vereine, die Land- und Forstwirtschaft betreiben => 30.000 DM (§ 25 KStG).
3. Übrige Vergünstigungen, z.B. Befreiungen für land- und forstwirtschaftliche Realgemeinden (§ 3 Abs. 2 KStG) oder für Stiftungen.

3. Die Ermittlung des zu versteuernden Einkommens

Bevor auf das Schema für die Einkommensermittlung eingegangen wird, ist der zeitliche Rahmen für die Einkommensermittlung abzugrenzen.

3.1 Veranlagungszeitraum und Ermittlungszeitraum

Wie die Einkommensteuer, so wird auch die Körperschaftsteuer nach Ablauf des Kalenderjahres für das abgelaufene Kalenderjahr veranlagt (§ 7 Abs. 3 KStG). Die Körperschaftsteuer ist eine Jahressteuer. *Veranlagungszeitraum ist das Kalenderjahr.*

Hinsichtlich des *Ermittlungszeitraumes* ist zwischen
- nicht buchführungspflichtigen Körperschaften (vor allem Vereine und Stiftungen), die mit dem Einkommen veranlagt werden, das innerhalb eines Kalenderjahres erzielt worden ist, und
- buchführungspflichtigen Körperschaften, für die das Wirtschaftsjahr der maßgebliche Gewinnermittlungszeitraum ist, zu unterscheiden. Der Berechnung der Körperschaftsteuer ist dabei das zu versteuernde Einkommen zugrunde zu legen, welches die Kapitalgesellschaft im Kalenderjahr bezogen hat. Weichen Kalenderjahr und Wirtschaftsjahr voneinander ab, so gilt der Gewinn gem. § 7 Abs. 4 S. 2 KStG in dem Kalenderjahr be-

zogen, in dem das Wirtschaftsjahr endet. Somit ist das Kalenderjahr auch der maßgebende Zeitraum für die Ermittlung des Einkommens einer Kapitalgesellschaft.

Beispiel, in dem der Veranlagungszeitraum vom Ermittlungszeitraum abweicht:
Der Gewinn des Wirtschaftsjahres vom 1.5.01 bis 30.4.02 ist der Gewinn des Jahres 02, welcher der Körperschaftsteuer des Jahres 02 (= Veranlagungszeitraum) zugrunde gelegt wird.

Das Wirtschaftsjahr einer Kapitalgesellschaft hat grundsätzlich 12 Monate zu umfassen. Unter bestimmten Voraussetzungen ist es zulässig, *Rumpfwirtschaftsjahre* zu bilden, d.h. Wirtschaftsjahre, die einen Zeitraum von weniger als 12 Monaten umfassen.
Rumpfwirtschaftsjahre kommen jedoch nur in Betracht, wenn
- die Gründung einer Gesellschaft oder ein Wechsel von der beschränkten in die unbeschränkte Steuerpflicht vorliegt,
- die Körperschaftsteuerpflicht während eines Kalenderjahres endet oder
- bei einer Umstellung auf ein kalenderjahrgleiches Wirtschaftsjahr.

3.2 Das körperschaftsteuerliche Einkommens-Ermittlungs-Schema

Hinsichtlich der Einkommensermittlung von Körperschaften kann die folgende Grundregel aufgestellt werden (§ 8 Abs. 1 KStG):
Das Einkommen ist nach dem EStG und nach dem KStG (§ 7 bis § 22) zu ermitteln. Dabei sind die Vorschriften des EStG anzuwenden, soweit sie nicht
- ausschließlich auf natürliche Personen zugeschrieben sind (z.B. Sonderausgaben, außergewöhnliche Belastungen) oder
- durch Sonderregelungen im KStG ersetzt sind.

Demzufolge sind auch bei Körperschaften alle Einkunftsarten i.S. des § 2 Abs. 1 EStG denkbar (Ausnahme § 19 und § 22 Abs. 4 EStG). Bereits erwähnt wurde, daß die Körperschaften im Hinblick auf die körperschaftsteuerliche Einkommensermittlung in solche, die nach § 1 und § 2 HGB buchführungspflichtig sind und deren gesamten Einkünfte als Einkünfte aus Gewerbebetrieb zu behandeln sind (§ 8 Abs. 2 KStG) und solche, die keine Bücher führen, unterschieden werden können. In Abhängigkeit der Buchführungspflicht ist die Ausgangsgröße im Einkommensermittlungsschema entweder der Steuerbilanzgewinn oder die Summe der Einkünfte.

- *Körperschaften, die Bücher führen*

Bei Körperschaften, die nach dem HGB zur Buchführung verpflichtet sind, knüpft das Einkommensermittlungsschema am Steuerbilanzergebnis (Gewinn oder Verlust) an.

- *Körperschaften, die keine Bücher führen*

Bei Körperschaften, die keine Bücher nach §§ 1 und 2 HGB führen, sind sowohl
Überschußeinkünfte
- aus Kapitalvermögen,
- aus Vermietung und Verpachtung und
- im Sinne des § 22 (außer Nr. 4) EStG als auch

Gewinneinkünfte
- aus Land- und Forstwirtschaft,
- aus Gewerbebetrieb und
- aus selbständiger Arbeit

zu ermitteln und zum zu versteuernden Einkommen zusammen zu rechnen.

Bei den *Überschußeinkünften* (zum Beispiel bei Vereinen) ist der Überschuß der Einnahmen über die Werbungskosten anzusetzen.

Bei den *Gewinneinkünften* ist der Gewinn anzusetzen, wobei die bekannten Gewinnermittlungsmethoden
- durch Betriebsvermögensvergleich,
- durch Gegenüberstellung der Betriebseinnahmen und Betriebsausgaben oder
- nach Durchschnittssätzen

zur Anwendung kommen.

Im folgenden sollen die *buchführungspflichtigen* Körperschaften - also insbesondere die Kapitalgesellschaften in der Rechtsform der GmbH und AG - im Mittelpunkt der Betrachtung stehen. Gemäß § 8 Abs. 2 KStG sind deren gesamte Einkünfte als Einkünfte aus Gewerbebetrieb zu behandeln, wobei die Gewinnermittlung nach § 4 Abs. 1 i.V.m. § 5 EStG erfolgt.

Bei den Kapitalgesellschaften gibt es aufgrund des Fehlens eines nichtbetrieblichen (privaten) Tätigkeitsbereiches keine Entnahmen und auch keine Einlagen im eigentlichen Sinne. Dennoch muß das Steuerbilanzergebnis um steuerlich nichtabziehbare Aufwendungen und steuerfreie Vermögensmehrungen korrigiert werden. Wie dies geschieht und welche Aufwendungen oder steuerfreien Einkünfte dazu gehören, wird mit Hilfe der nachfolgenden Übersicht, die die Struktur der Einkommensermittlung zeigt, verdeutlicht. Der Übersicht folgen Erläuterungen zu den einzelnen Schritten bei der Ermittlung des zu versteuernden Einkommens.

Übersicht 7: Das Einkommens-Ermittlungs-Schema

bei buchführungspflichtigen Körperschaften	bei nicht buchführungspflichtigen Körperschaften
HB-Ergebnis (Jahresüberschuß/-fehlbetrag) +/./. bilanzielle Modifikationen (§§ 5 - 7k EStG) + Hinzurechnung des Spendenaufwands	Einkünfte einzelner Einkunftsarten + Hinzurechnung des Spendenaufwands
= Steuerbilanzergebnis	= Summe der Einkünfte

+/./. (außerbilanzielle) Erfolgskorrekturen aus anwendbaren einkommensteuerrechtlichen oder allgemeinen steuerrechtlichen Normen (z.B. §§ 3, 3c, 4 Abs. 5 EStG, § 160 AO)

= Zwischensumme I

+/./. erfolgswirksame Vorgänge aus dem Gesellschaft-Gesellschafter-Verhältnis
- verdeckte Gewinnausschüttungen (§ 8 Abs. 3 S. 2 KStG)
- verdeckte Einlagen

./. durchgeleitete Ausschüttungen aus EK_{01} (§ 8b KStG)

= Zwischensumme II

abziehbare Aufwendungen

./. • § 9 Abs. 1 Nr. 1 KStG: Gewinnanteile der persönlich haftenden Gesellschafter einer KGaA

./. (!) • § 9 Abs. 1 Nr. 2 KStG: Spenden, die 5% des Einkommens oder 2‰ des Umsatzes bzw. der Löhne und Gehälter im Kalenderjahr *nicht* überschreiten

+ nichtabziehbare Aufwendungen
- § 10 Nr. 1 KStG: Satzungspflichtaufwendungen
- § 10 Nr. 2 KStG: nichtabziehbare Steuern
- § 10 Nr. 3 KStG: Geldstrafen
- § 10 Nr. 4 KStG: Hälfte der Aufsichtsratvergütungen

= Zwischensumme III

+/./. Gewinnabführungen/Verlustübernahmen aufgrund eines Organschaftsverhältnisses
+/./. zuzurechnendes Einkommen von Organgesellschaften (§§ 14, 17, 18 KStG)

= Gesamtbetrag der Einkünfte

./. Verlustabzug § 10d EStG i.V.m. § 8 Abs. 1 KStG

= Einkommen (§ 8 KStG) = zu versteuerndes Einkommen (§ 7 KStG)

Erläuterungen zum vorstehenden Einkommens-Ermittlungs-Schema:

Handelsbilanzergebnis	
+/./. Bilanzielle Modifikationen (§§ 5 bis 7k EStG)	Anpassung der Handelsbilanz an die speziellen steuerlichen Ansatz- und Bewertungsvorschriften (§ 60 Abs. 2 EStDV).
+ Hinzurechnung des Spendenaufwands	Die steuersystematische Behandlung der Spenden verlangt die bilanzielle Korrektur des gesamten Spendenaufwands. Siehe hierzu bei den abziehbaren Aufwendungen.
= Steuerbilanzergebnis	
+/./. (Außerbilanzielle) Erfolgskorrekturen aus anwendbaren einkommensteuerrechtlichen oder allgemeinen steuerrechtlichen Normen	./. EStG: Steuerfreie Einnahmen + 3c EStG: Soweit Ausgaben mit steuerfreien Einnahmen in Verbindung stehen, dürfen sie nicht als Betriebsausgaben abgezogen werden. + § 4 Abs. 5 EStG: Bestimmte Betriebsausgaben dürfen den Gewinn nicht mindern, z. B. die Aufwendungen für die Jagd oder die Fischerei, Geldbußen und Ordnungsgelder. + 160 AO: Schulden und andere Lasten dürfen den Gewinn nicht mindern, wenn die Gläubiger oder der Empfänger nicht benannt werden.
= Zwischensumme I	
+/./. Erfolgswirksame Vorgänge aus dem Gesellschaft-Gesellschafter-Verhältnis	+ Verdeckte Gewinnausschüttungen (§ 8 Abs. 3 S. 2 KStG). Siehe hierzu den Abschnitt „Gewinnausschüttungen". ./. Eine verdeckte Einlage ist ein einlagefähiger Vermögensvorteil, den die Kapitalgesellschaft ohne Gegenleistung aufgrund schuldrechtlicher Vereinbarungen von einem Gesellschafter oder einer ihm nahestehenden Person erhält. Die Zuwendung hat ihre Ursache im Gesellschaftsverhältnis. Einlagefähig sind nur die bei der empfangenden Gesellschaft bilanzierungsfähigen Wirtschaftsgüter, nicht aber die Überlassung zum Gebrauch oder Nutzen eines Wirtschaftsgutes (Siehe das Beispiel

	in Abschn. 36a KStR 1995). Der Vermögensvorteil besteht in dem Ansatz bzw. der Erhöhung eines Aktivpostens bzw. in dem Wegfall bzw. der Verminderung eines Passivpostens und führt zu einer Erhöhung des Jahresergebnisses. Bei der Gesellschaft ist das Jahresergebnis außerbilanziell zu kürzen. Maßgeblich für die Bewertung ist der Teilwert. Der Gesellschafter hat nachträgliche Anschaffungskosten auf seine Beteiligung.
	./. Steuerfreie Erträge infolge Weiterausschüttung von ausländischen Einkünften aus EK_{01} (§ 8b KStG): Erwirtschaftet eine unbeschränkt steuerpflichtige Körperschaft ausländische Beteiligungserträge, so sind diese in der Gliederungsrechnung in das EK_{01} einzustellen. Die Freistellung der ausländischen Beteiligungserträge gem. § 8b KStG korrespondiert mit der Regelung des § 40 Satz 1 Nr. 1 KStG, wonach Ausschüttungen aus EK_{01} von der Herstellung der Ausschüttungsbelastung freigestellt sind. Damit bleiben ausländische Erträge sowohl bei der Einkommensermittlung der Körperschaft als auch bei der Ausschüttung körperschaftsteuerfrei.
	Da die Körperschaftsteuer eine Vorauszahlung auf die Einkommensteuer ist, ergibt sich aus dieser Freistellung ein Liquiditätsvorteil, aber kein Steuervorteil bei den inländischen, der Einkommen- oder Körperschaftsteuer unterliegenden Anteilseignern.
= Zwischensumme II	
./. abziehbare Aufwendungen	➡ *§ 9 Abs. 1 Nr. 1 KStG:* Dazu zählt bei den Kommanditgesellschaften auf Aktien der Teil des Gewinns, der an persönlich haftende Gesellschafter, z.B. für ihre Geschäftsführertätigkeit, vergütet wird.
	➡ *§ 9 Abs. 1 Nr. 2 KStG, Hinzurechnung des Spendenaufwands:* Spenden sind grundsätzlich den privaten Lebenshal-

	tungskosten zuzurechnen. Dies gilt auch dann, wenn sie durch betriebliche Überlegungen mitveranlaßt wurden (R 122 EStR). Bei natürlichen Personen können die Ausgaben zur Förderung mildtätiger, kirchlicher, religiöser oder wissenschaftlicher Zwecke daher grundsätzlich nicht als Betriebsausgaben abgezogen werden. Der Steuerpflichtige kann sie nur im Rahmen des Sonderausgabenabzugs nach § 10b EStG abziehen. Für die hier interessierenden Körperschaften regelt § 9 Abs. 1 Nr. 2 KStG die Abziehbarkeit des Spendenaufwands. Zwar fehlt den Spenden grundsätzlich der Betriebsausgabencharakter, eine Hinzurechnung der Spenden zum Handelsbilanzergebnis ist aber nur insoweit notwendig, als die Grenzen des § 9 Abs. 1 Nr. 2 KStG überschritten werden. Merke: § 9 Abs. 1 Nr. 2 KStG ändert nicht den Nicht-Betriebsausgabencharakter der Spenden, sondern läßt lediglich innerhalb bestimmter Grenzen deren Behandlung wie eine Betriebsausgabe zu. Aus Gründen der Steuersystematik ist jedoch eine andere Vorgehensweise sinnvoller: Danach werden zunächst sämtliche Spenden, die das Handelsbilanzergebnis beeinflußt haben, diesem hinzugerechnet, so daß das Steuerbilanzergebnis nicht durch den Spendenaufwand verringert wird. Anschließend werden die Spenden innerhalb der Grenzen des § 9 Abs. 1 Nr. 2 KStG außerbilanziell abgezogen. Diese Überlegung wird im hier gezeigten Einkommens-Ermittlungs-Schema umgesetzt.
+ Nichtabziehbare Aufwendungen (§ 10 KStG)	Dazu zählen die Aufwendungen gemäß § 10 Nr. 1 KStG: Nichtabziehbar sind nach § 10 Nr. 1 KStG die Aufwendungen für die Erfüllung von Zwecken, die durch Stiftungsgeschäft, Satzung oder sonstige Verfassung vorgeschrieben sind. Z.B. dürfen Renten, die eine Stiftung in Erfüllung ihrer Satzung an bestimmte Personen zahlt, den

Gewinn nicht mindern, da diese Aufwendungen der Einkommensverwendung zuzurechnen sind.

§ 10 Nr. 2 KStG (siehe auch Abschn. 43 KStR 1995):
➡ Die Steuern von Einkommen (also KSt und einbehaltene KapESt für von der Körperschaft bezogene Kapitalbeträge).
➡ Die sonstigen Personensteuern (z.B. VSt). Diese sind handelsrechtlich als Aufwand zu verbuchen und müssen daher bei der Einkommensermittlung wieder hinzugerechnet werden. Dabei ist es unerheblich, ob es sich um Vorauszahlungen oder Rückstellungen für solche Steuern handelt.
➡ Zu den sonstigen nichtabziehbaren Personensteuern zählt ebenfalls der Solidaritätszuschlag, der vom 1.7.1991 bis 30.6.1992 sowie ab 1.1.1995 unbefristet als Zuschlag auf die Körperschaftsteuer und Einkommensteuer erhoben wird. Bemessungsgrundlage für den Solidaritätszuschlag (SolZ) ist die vom Finanzamt festgesetzte positive Körperschaftsteuer (veranlagte KSt). Der SolZ beträgt 7,5% der festgesetzten Körperschaftsteuer. In der Gliederungsrechnung ist der SolZ wie eine sonstige nichtabziehbare Ausgabe zu behandeln und i.d.R. vom EK_{45} abzuziehen.
➡ Die Umsatzsteuer auf den Eigenverbrauch gem. § 1 Abs. 1 Nr. 2 UStG (Entnahme von Gegenständen, sonstigen Leistungen für außerbetriebliche Zwecke und bestimmte Repräsentationsaufwendungen).

§ 10 Nr. 3 KStG:
Nichtabziehbar sind ebenfalls die in einem Strafverfahren festgesetzten Geldstrafen sowie sonstige Rechtsfolgen vermögensrechtlicher Art.

§ 10 Nr. 4 KStG:
Soweit die gesamten Vergütungen der Körperschaft (z.B. Aufsichtsrat, Verwaltungsrat oder andere mit der Überwachung der Geschäftsführung beauftragte Personen) ge-

		winnmindernd behandelt worden sind (= Regelfall), ist zur Ermittlung des steuerlichen Gewinns die Hälfte der Vergütungen dem Gewinn kraft ausdrücklicher Regelung des § 10 Nr. 4 KStG hinzuzurechnen. Dieses Abzugsverbot ist ein steuersystematisches Kuriosum, da diese Aufwendungen ebenso wie Vorstands- und Geschäftsführergehälter betrieblich veranlaßt sind und daher von ihrem Charakter her einwandfrei Betriebsausgaben sind. Die Vorschrift des § 10 Nr. 4 KStG ändert nicht den Betriebsausgabencharakter der Vergütungen, die hier zu erfassen sind, sondern bestimmt lediglich deren Hinzurechnung außerhalb der Bilanz für Zwecke der Einkunftsermittlung. Übrigens ist der Begriff der Nichtabziehbarkeit falsch: Erstens werden auch die „nichtabziehbaren Aufwendungen" aufgrund ihres Betriebsausgabencharakters in der Steuerbilanz gewinnmindernd berücksichtigt, zweitens werden sie außerbilanziell hinzugerechnet. Echte betriebliche Aufwendungen werden so ohne ersichtlichen sachlichen Grund zur Steuer herangezogen.
./.	Verlustabzug	Dem Verlustabzug ist der Abschnitt 3.3 gewidmet.
=	Einkommen (§ 8 KStG) = zu versteuerndes Einkommen (§ 7 KStG)	Das Einkommen, das unabhängig von einer geplanten oder bereits durchgeführten Gewinnverwendung dem Tarifsteuersatz in Höhe von 45% unterliegt (§ 23 Abs. 1 KStG).

3.3 Verlustabzug im Körperschaftsteuerrecht

Die Einkommensteuer (§ 2 Abs. 7 und § 25 Abs. 1 EStG) und die Körperschaftsteuer (§ 7 Abs. 3 KStG) sind eine Jahressteuer. Durch dieses Prinzip der Abschnittsbesteuerung können sich Verzerrungen und Zufälligkeiten ergeben, wenn
- die Höhe der Einkünfte von Jahr zu Jahr schwanken (daraus resultieren progressionsbedingte Verzerrungen in der Einkommensteuer) oder wenn
- ein Steuerpflichtiger abwechselnd positive und negative Einkünfte erzielt.

Beispiel:
Gesamtbetrag der Einkünfte 1995: - 50.000 DM,
Gesamtbetrag der Einkünfte 1996: + 50.000 DM.
1995 fällt wegen des Verlustes sowohl nach dem EStG als auch nach dem KStG keine Steuer an, dafür sind 1996 aber die vollen 50.000 DM zu versteuern.

Sachgerechter wäre es hingegen, das gesamte Einkommen (Totaleinkommen) eines Steuerpflichtigen während seiner Erwerbszeit zu erfassen. Bei der Einkommensteuer wäre außerdem aufgrund des Progressionseffektes ein durchschnittlicher Steuersatz zugrunde zu legen.

Dieses Prinzip der Durchschnittsbesteuerung würde dem Gebot der Steuergerechtigkeit und damit der Besteuerung nach der wirtschaftlichen Leistungsfähigkeit entsprechen.

Im Beispiel zuvor:
Im Durchschnitt der beiden Veranlagungszeiträume beträgt das zu versteuernde Einkommen 0 DM. Steuerzahlungen fallen nicht an.

Allerdings wäre ein Abwarten bis zu einem Zeitpunkt, in dem die Entscheidung über die endgültige Steuer getroffen werden kann, nicht praktikabel. Der Fiskus ist auf den regelmäßigen Eingang von Steuern angewiesen. Aus diesem verfahrenstechnischen Grund werden die Ertragsteuern durch die Abschnittsbesteuerung und nicht im Wege der Durchschnittsbesteuerung erhoben. Dabei ist die Durchbrechung der Abschnittsbesteuerung durch § 10d EStG i.V.m. § 8 Abs. 1 KStG als unvollkommenes Instrument zu sehen, welches in beträchtlichem Umfang die „Ungerechtigkeiten" einer Abschnittsbesteuerung mildert. Durch die intertemporäre Verlustverrechnung wird die Liquiditätslage eines in die Verlustzone geratenen Unternehmens verbessert, indem die Steuerlast gemindert wird. Dieser konjunkturpolitische Aspekt war bei der Einführung des § 10d EStG ausschlaggebend.

3.3.1 Verlustbegriff im Körperschaftsteuerrecht

Wie bei der Ermittlung des zu versteuernden Einkommens, so sind auch bei der Ermittlung des steuerlich abzugsfähigen Verlustes die Vorschriften des KStG und des EStG über die Gewinnermittlung zu beachten.
Das bedeutet, daß die nichtabziehbaren Aufwendungen den steuerlichen Verlust nicht erhöhen dürfen. Entsprechend dürfen steuerfreie Einnahmen der Kapitalgesellschaft nicht mit einem steuerlichen Verlust verrechnet werden.

Beispiel:

Steuerbilanzverlust	10.000 DM
+ nichtabziehbare Aufwendung, z.B. Vermögensteuer	+ 5.000 DM
(als Aufwand in der GuV gebucht, § 10 Nr. 2 KStG)	
./. abzugsfähige Spenden (§ 9 KStG)	- 200 DM
./. steuerfreie Einkünfte, z.B. Investitionszulage (als Ertrag gebucht, InvZulG)	- 1.000 DM
= nicht ausgeglichener Verlust, abziehbar nach § 10d EStG	6.200 DM

Daraus ergibt sich:

- nichtabziehbare Aufwendungen vermindern den steuerlichen Verlust, entsprechend
- erhöhen abziehbare Aufwendungen (z.B. § 9 Abs. 3 KStG "Spenden") den steuerlichen Verlust.

3.3.2 Voraussetzungen für den Verlustabzug

Grundsätzlich ist ein Verlustabzug nur dann möglich, wenn Personenidentität zwischen demjenigen, der den Verlust erlitten hat, und demjenigen, der den Verlust steuerlich geltend macht, besteht.

Die Frage der Personenidentität stellt sich insbesondere im Zusammenhang mit Umwandlungs- und Verschmelzungsfällen.
Die *formwechselnde Umwandlung*, bei der eine Körperschaft in eine andere unbeschränkt steuerpflichtige Körperschaft umgewandelt wird, bspw. eine AG in eine GmbH, bereitet die geringsten Probleme, da die handelsrechtliche Personenidentität unbestritten ist. Das Rechtssubjekt ändert lediglich seine äußere Form. Der Verlustabzug ist zulässig.
Problematischer ist indes die *übertragende Umwandlung*, bei der das Vermögen einer Körperschaft auf einen anderen Rechtsträger übergeht, bspw. eine Kapitalgesellschaft in ein Personenunternehmen umgewandelt wird. Hier ist der Verlustabzug verboten. Gleiches gilt für die *Verschmelzung*. Das UmwStG enthält keine Bestimmung, wonach der Verlust auf die übernehmende Körperschaft übergeht.

Den einkommensteuerlichen Regelungen hat der Gesetzgeber im § 8 Abs. 4 KStG einige körperschaftsteuerliche Besonderheiten hinzugefügt. Gemäß § 8 Abs. 4 KStG ist *Voraussetzung* für den Verlustabzug nach § 10 d EStG, daß eine Körperschaft nicht nur rechtlich, sondern auch wirtschaftlich mit der Körperschaft identisch ist, die den Verlust erlitten hat. Die Praxisrelevanz des § 8 Abs. 4 KStG resultiert aus dem sog. *Mantelkauf*. Beim Mantelkauf geht es in der Regel um eine GmbH, bei der das Vermögen weitgehend aufgezehrt und der Geschäftsbetrieb eingestellt worden ist. Die Bilanz weist einen Verlust und allenfalls unbedeutende Vermögensreste aus. Wird eine solche leere Hülle an einen oder mehrere neue Gesellschafter verkauft, dann spricht man von einem Mantelkauf. Mit ihm will der Käufer nicht nur Gründungskosten sparen, sondern sein Hauptinteresse liegt in der steuerlichen Nutzung der Verluste. Durch den Mantelkauf wird die Identität der Kapitalgesellschaft nicht berührt, da lediglich ein Gesellschafterwechsel stattfindet. Die von der alten GmbH nicht ausgeglichenen Verluste konnte der Mantelkäufer in der Vergangenheit bei seiner Gewinnermittlung steuerlich geltend machen.

Seit der Steuerreform 1990 gilt das nur noch in einigen Fällen. Nach § 8 Abs. 4 S. 1 KStG setzt der Verlustabzug bei einer Kapitalgesellschaft nicht nur rechtliche Identität, sondern auch wirtschaftliche Identität voraus. Wirtschaftliche Identität liegt insbesondere gemäß § 8 Abs. 4 S. 2 KStG dann nicht vor (mit der Folge, daß der Verlustabzug zu versagen ist), wenn alle vier folgenden Tatbestandsmerkmale erfüllt sind (vgl. BMF-Schreiben vom 11.6.1990, BStBl. I., S. 252ff.):

a) Die Kapitalgesellschaft hat ihren Geschäftsbetrieb eingestellt,
b) es sind mehr als 3/4 ihrer Anteile übertragen worden;
c) es ist überwiegend neues Betriebsvermögen zugeführt worden und
d) die Kapitalgesellschaft hat ihren Geschäftsbetrieb wieder aufgenommen.

ad a) Einstellung des Geschäftsbetriebs
Die Kapitalgesellschaft hat ihren Geschäftsbetrieb eingestellt, wenn sie im wirtschaftlichen Ergebnis aufgehört hat, werbend tätig zu sein. Die bloße Abwicklung noch ausstehender Forderungen und Verbindlichkeiten, etwa im Falle der Liquidation des Betriebes, steht in der Regel nicht der Annahme einer Einstellung des Geschäftsbetriebes entgegen. Nicht erforderlich ist, daß über den Betrieb ein Konkurs- oder Vergleichsverfahren eröffnet worden oder eine Liquidation erfolgt ist. Der Geschäftsbetrieb ist dagegen nicht eingestellt, wenn die Gesellschaft lediglich auf einem anderen Gebiet tätig wird oder ihren Geschäftsbetrieb im ganzen verpachtet.

ad b) Übertragung von mehr als 3/4 der Anteile
Für das Merkmal der Anteilsübertragung ist es unerheblich, ob die Übertragung entgeltlich oder unentgeltlich vorgenommen worden ist; der Anteilsübergang im Wege der Erbfolge ist demgegenüber von § 8 Abs. 4 KStG nicht erfaßt.
Die Grenze von mehr als 75 v.H. der Anteile bezieht sich bei Kapitalgesellschaften auf das Nennkapital.

Erwerber der Anteile können sowohl neue als auch bereits beteiligte Gesellschafter sein. Dabei ist es unerheblich, auf wie viele Erwerber sich die übertragenen Anteile verteilen. Entscheidend ist, daß insgesamt mehr als 75 v.H. der Anteile hinzuerworben werden.

ad c) Zuführung von überwiegend neuem Betriebsvermögen
Zuführung von neuem Betriebsvermögen bedeutet nicht, daß die Gesellschaft vermögenslos oder überschuldet gewesen sein muß. Ein Verlust der wirtschaftlichen Identität kann auch gegeben sein, wenn die Gesellschaft im Zeitpunkt des Gesellschafterwechsels noch Vermögen hatte.

Die Zuführung von neuem Betriebsvermögen führt nur dann zum Verlust der wirtschaftlichen Identität, wenn das neu zugeführte Betriebsvermögen das noch vorhandene Vermögen übersteigt. Betriebsvermögen in diesem Sinne ist das Aktivvermögen. Maßgebend sind die Teilwerte des vorhandenen und des zugeführten Vermögens; etwaige immaterielle Wirtschaftsgüter bleiben außer Betracht, wenn sie bei der steuerlichen Gewinnermittlung nicht angesetzt werden dürfen.

ad d) Wiederaufnahme des Geschäftsbetriebs
Wiederaufnahme des Geschäftsbetriebs bedeutet, daß die Gesellschaft ihren Geschäftsbetrieb eingestellt hatte und nach dem Gesellschafterwechsel und der Zuführung neuen Vermögens wieder aufgenommen hat. Das gilt unabhängig davon, ob die Gesellschaft nach dem Gesellschafterwechsel und der Zuführung neuen Vermögens ihren bisherigen Geschäftsbetrieb wieder aufnimmt oder auf einem anderen oder ähnlichen Gebiet tätig wird.

Der Ausschluß des Verlustabzugs nach § 8 Abs. 4 KStG gilt nicht nur für Kapitalgesellschaften, sondern auch für andere Körperschaften. Die Übertragung von mehr als 75 v.H. der Anteile bezieht sich in diesen Fällen auf die beteiligungs- oder mitgliedschaftsähnlichen Rechte.

Soweit ein Verlustabzug möglich ist, also rechtliche und wirtschaftliche Identität vorliegen, ist zu beachten, daß beim Mantelkauf nicht nur die *entlastend* wirkenden Verlustvorträge, sondern auch der *belastend* wirkende Bestand an negativem EK_{45} erworben wird.

3.3.3 Behandlung der steuerlichen Verluste

Die Berücksichtigung von Verlusten vollzieht sich in maximal vier Schritten:

1. Horizontaler Verlustausgleich
Der erste Schritt ist der horizontale Verlustausgleich, bei dem negative und positive Einkünfte der *gleichen* Einkunftsart miteinander verrechnet werden.

2. Vertikaler Verlustausgleich

Der zweite Schritt ist der vertikale Verlustausgleich des § 2 Abs. 3 EStG, bei dem der Gesamtbetrag der Einkünfte ermittelt wird und bei dem sich der Verlustausgleich zwischen den *verschiedenen* Einkunftsarten vollzieht.

Bei Kapitalgesellschaften können Verluste nicht durch einen vertikalen Verlustabzug berücksichtigt werden, da sie keine anderen Einkünfte als Einkünfte aus Gewerbebetrieb erzielen können.

Nur wenn der Gesamtbetrag der Einkünfte negativ ist, kann der nicht ausgeglichene Verlust (siehe 3.3.1) intertemporär im Wege des Verlustrücktrages oder Verlustvortrages verrechnet werden.

3. Verlustrücktrag nach § 10d Abs. 1 S. 1 EStG

Danach

sind (= von Amts wegen, kein Antrag erforderlich, R 115 Abs. 5 S. 1 EStR 1993)

Verluste (= negative Einkünfte aller Einkunftsarten),

die bei der Ermittlung des *Gesamtbetrages der Einkünfte* nicht ausgeglichen werden (= 2. Schritt des § 2 Abs. 3 EStG),

bis zu einem Betrag von insgesamt 10 Mio. DM (Höchstbetrag)

vom Gesamtbetrag der Einkünfte (nach § 2 Abs. 4 EStG)

des zweiten dem Veranlagungszeitraum vorangegangenen Veranlagungszeitraum abzuziehen (= erster Teil des Verlustrücktrags).

Dieser Vorgang wiederholt sich nach § 10d Abs. 1 Satz 1 2. HS EStG:

Soweit ein Abzug danach (nach dem 1. HS) nicht möglich ist (= überschießender Verlust des ersten Teils des Verlustrücktrags),

sind die übriggebliebenen Verluste vom Gesamtbetrag der Einkünfte

des ersten dem Veranlagungszeitraum vorangegangenen Veranlagungszeitraums abzuziehen (= zweiter Teil des Verlustrücktrages).

Beispiel:

Gesamtbetrag der Einkünfte 1996: (1991 = Verlustentstehungsjahr)	Verlust (-) 100.000 DM
Gesamtbetrag der Einkünfte 1994	45.000 DM
./. Verlustrücktrag aus 1996 (100.000), höchstens	- 45.000 DM
= Einkommen 1994	0 DM
Gesamtbetrag der Einkünfte 1995	70.000
./. Verlustrücktrag (aus 1996 Rest)	- 55.000
Einkommen 1995	15.000

4. Verlustvortrag

Der vierte Schritt der Verlustberücksichtigung ist der Verlustvortrag, der in § 10d Abs. 2 EStG geregelt ist. Danach gilt folgendes:
Soweit die nicht ausgeglichenen Verluste (= 2. Schritt des § 2 Abs. 3 EStG) den Betrag von 10 Mio. DM übersteigen oder ein Abzug der nicht ausgeglichenen Verluste im Wege des Verlustrücktrages nicht möglich ist (= Vorrang des Verlustrücktrages vor dem Verlustvortrag),
sind diese (= von Amts wegen)
in den folgenden Veranlagungszeiträumen (keine zeitliche Begrenzung)
vom Gesamtbetrag der Einkünfte abzuziehen (§ 2 Abs. 4 EStG).
Der Abzug ist nur insoweit zulässig, als die Verluste in den vorangegangenen Veranlagungszeiträumen nicht abgezogen werden konnten (= zwingende Reihenfolge).

Die bisher vorgestellten Regelungen sind *ohne Antrag* des Steuerpflichtigen ausschöpfbar (Siehe das Beispiel für einen zweijährigen Verlustrücktrag mit anschließendem Verlustvortrag auf der Folgeseite).

Ab dem Veranlagungszeitraum 1994 ist es im Bereich des Verlustrücktrages und -vortrages zu einschneidenden Änderungen gekommen. Die Neuordnung des § 10d EStG sieht seitdem ein *Antragsrecht* des Steuerpflichtigen vor.
Das mit dem Antragsrecht verbundene Wahlrecht ermöglicht dem Steuerpflichtigen die Entscheidung, ob der im Verlustentstehungsjahr nicht ausgeglichene Verlust zurück- oder vorgetragen wird. Damit ist der bis 1994 geltende Vorrang des Verlustrücktrages gegenüber dem Verlustvortrag aufgehoben. Außerdem kann der Steuerpflichtige die Höhe des Verlustabzuges selbst bestimmen. Der Gesamtbetrag der Einkünfte eines geplanten Verlustabzugsjahres muß also nicht, soweit es der nichtausgeglichene Verlust des Verlustentstehungsjahres zuläßt, auf Null gestellt werden.
Etwas problematisch ist die Interpretation des folgenden Passus im § 10d Abs. 1 S. 4 und 5 EStG: "Auf Antrag des Steuerpflichtigen ist ganz oder teilweise von der Anwendung des Satzes 1 abzusehen (Anmerkung: Höchstbetrag 10 Mio. DM und maximal in den zweiten dem aktuellen Veranlagungszeitraum vorangegangenen Veranlagungszeitraum zurück). Im Antrag ist die Höhe des abzuziehenden Verlusts und der Veranlagungszeitraum anzugeben, in dem der Verlust abgezogen werden soll." Aus diesem Passus darf *nicht* geschlossen werden, daß auch der Höchstbetrag und die Beschränkung des Rücktrages zukünftig entfällt. Es bleibt bei dem Höchstbetrag von 10 Mio. DM, d.h. der Verlustrücktrag in das Jahr 01 plus dem Rücktrag in das Jahr 02 darf zusammen 10 Mio. DM nicht übersteigen.

Außerdem ist der Verlustrücktrag bis in den zweiten dem aktuellen Verlustentstehungsjahr vorangegangenen Veranlagungszeitraum möglich. Was verbirgt sich hinter diesem Antragsrecht? Der Steuerpflichtige hat durch den Passus im § 10d Abs. 1 S. 4 EStG mehr Variationsmöglichkeiten bei der Gestaltung der intertemporären Verlustverrechnung. Die Bedeutung der Freiheit des Steuerpflichtigen bei der Wahl der für ihn optimalen Höhe des Verlustrücktrages wird in Zusammenhang mit der Gliederungsrechnung deutlich werden.

Beispiel für einen zweijährigen Verlustrücktrag mit anschließendem Verlustvortrag:
Annahme: Steuerlicher Verlust im Verlustentstehungsjahr 1993: (-) 80.000 DM)
Steuerlicher Verlust im Verlustentstehungsjahr 1995: (-) 15.000 DM)

Gesamtbetrag der Einkünfte 1991	+ 5.000	
./. Verlustrücktrag aus 1993	- 5.000	← Rücktrag aus '93 in '91
= Einkommen 1991	0	
Gesamtbetrag der Einkünfte 1992	+ 15.000	
./. Verlustrücktrag aus 1993	- 15.000	← Rücktrag aus '93 in '92
= Einkommen 1992	0	
Gesamtbetrag der Einkünfte 1993:	./. 80.000	→
(1993 = Verlustentstehungsjahr)		
Gesamtbetrag der Einkünfte 1994	+ 25.000	
./. Verlustvortrag aus 1993	- 25.000	← Vortrag aus '93 in '94
= Einkommen 1994	0	
Gesamtbetrag der Einkünfte 1995	./. 15.000	
(1995 = ein weiteres Verlustentstehungsjahr)		
Gesamtbetrag der Einkünfte 1996	+ 25.000	
./. Verlustvortrag aus 1993	- 25.000	← Vortrag aus '93 in '96
= Einkommen 1996	0	
Gesamtbetrag der Einkünfte 1997	35.000	
./. Verlustvortrag aus 1993 (Rest)	- 10.000	← Vortrag aus '93 in '97
./. Verlustvortrag aus 1995 (Rest)	- 15.000	← Vortrag aus '95 in '97
= Einkommen 1997	10.000	

4. Die Gliederung des verwendbaren Eigenkapitals

4.1 Anrechnungsverfahren

Es entspricht der Grundkonzeption des Körperschaftsteuergesetzes, die Zweifachbelastung ausgeschütteter Gewinne zu vermeiden. Es soll verhindert werden, daß die juristische Person mit ihrem Unternehmensertrag und dann die Anteilseigner nochmals mit dem ausgeschütteten Unternehmensertrag besteuert werden.

Die Beseitigung der Zweifachbelastung wird in zwei Schritten nach dem Körperschaftsteuer-Reformgesetz vom 31.08.1976 vollzogen:

Der erste Schritt:
Auf der Ebene der Körperschaft wird das steuerliche Einkommen zunächst der Körperschaftsteuer unterworfen, und zwar unabhängig davon, ob später Gewinne ausgeschüttet werden oder nicht. Dabei beträgt der Körperschaftsteuer-Regelsatz 45 v.H. vom zu versteuernden Einkommen. Soweit später Gewinne offen oder verdeckt ausgeschüttet werden, ist eine einheitliche Ausschüttungsbelastung von 30% herzustellen. Auf den Ausschüttungen lastet demnach grundsätzlich eine Körperschaftsteuer in Höhe von 30% des Gewinns vor Körperschaftsteuer. Dies sind bezogen auf den Ausschüttungsbetrag 30/70 (Gewinn vor Körperschaftsteuer 100, Körperschaftsteuer bei Ausschüttung 30, Bar-Dividende 70, Verhältnis 30 zu 70 = 30/70).

Der zweite Schritt:
Die auf den Ausschüttungen lastende Körperschaftsteuer von 30% wird als Steuerguthaben beim Anteilseigner auf seine Einkommensteuer (§ 36 Abs. 2 Nr. 3 EStG) bzw., wenn der Anteilseigner selbst eine Körperschaft ist, auf dessen Körperschaftsteuer angerechnet. Damit vollzieht sich die endgültige Entlastung von der Körperschaftsteuer auf der Ebene der Körperschaft und des Anteilseigners wie nachstehend beschrieben. Die verwendeten Größen können dabei als DM-Größen gelesen werden. Sie sind aber aufgrund ihrer Bezugsbasis in Höhe von 100 DM gleichzeitig auch Verhältniszahlen, auf die später noch eingegangen wird.

a) Auf der Ebene der Körperschaft

Brutto-Dividende	100
./. Körperschaftsteuer (Ausschüttungsbelastung)	30
= Ausschüttung = Bar-Dividende	70

Die von der Körperschaft abgeführte Körperschaftsteuer wird dann auf die Einkommensteuerschuld beim Anteilseigner angerechnet, so daß dessen Einkommen effektiv nur der Einkommensteuer unterliegt.

b) Auf der Ebene des Anteilseigners

Bar-Dividende	70
+ anzurechnende Körperschaftsteuer	30
= Brutto-Dividende =	
zu versteuerndes Einkommen i.S. des EStG	100

Zahlt der Anteilseigner eine Einkommensteuer in Höhe von 40 v.H., im Beispiel also 40 DM, dann führt die Anrechnung der körperschaftsteuerlichen Ausschüttungsbelastung (30 DM) auf die Einkommensteuerschuld des Anteilseigners zu einer verbleibenden Einkommensteuerschuld in Höhe von 10 DM.

Unter Einbeziehung der Kapitalertragsteuer erhält der Anteilseigner nicht die von der Körperschaft ausgeschüttete volle Bar-Dividende (70), sondern nur die um die einbehaltene Kapitalertragsteuer gekürzte Netto-Dividende (52,5).

Brutto-Dividende = Gewinn vor KSt =	100
./. anzurechnende KSt (Ausschüttungsbelastung)	30
= **Bar-Dividende** = Ausschüttung	70
./. Kapitalertragsteuer	
(25% der Bar-Dividende = 25 % von 70) =	17,5
= **Netto-Dividende** = auszuzahlender Betrag =	52,5

Die tatsächliche Steuerbelastung verändert sich durch die Kapitalertragsteuer nicht. Bei einem individuellen Steuersatz der Einkommensteuer von 40% ergibt sich dann auf der Ebene der Anteilseigner folgendes Bild:

Netto-Dividende (auszuzahlender Betrag)	52,5
+ einbehaltene Kapitalertragsteuer	17,5
= **Bar-Dividende**	70
+ anzurechnende Körperschaftsteuer	30
= **Brutto-Dividende**, die beim Anteilseigner als Kapitaleinkunft zu versteuern ist	100

Die Gliederung des verwendbaren Eigenkapitals 41

```
    Einkommensteuer beim Anteilseigner darauf
    z.B. 40 v.H. =                              40
./. Anrechnung Körperschaftsteuer       30
./. Anrechnung Kapitalertragsteuer      17,5    47,5
=   Verbleibende Steuerschuld                   ./. 7,5
```
d.h. dem Anteilseigner werden 7,50 DM erstattet.

Voraussetzung für die Anrechnung des KSt-Guthabens ist, daß die Auschüttungen anrechnungsberechtigten Anteilseignern zufließen, die der deutschen Einkommensteuer unterliegen. In diesem Fall wird die Körperschaftsteuerbelastung für ausgeschüttete Gewinne exakt beseitigt. Die Ausschüttungen zuzüglich der Ausschüttungsbelastung - also der Gewinn vor Abzug der Körperschaftsteuer - unterliegen im Ergebnis ausschließlich dem individuellen einkommensteuerlichen Steuersatz.

Fließen die Ausschüttungen hingegen nicht zur Anrechnung berechtigten Anteilseignern zu, also Anteilseignern, die der deutschen Einkommensteuer nicht unterliegen, so wird die Körperschaftsteuerbelastung endgültig.

Durch die Anrechnungspraxis entstehen differenzierte Körperschaftsteuerzahlungen für den Staat, insbesondere wenn die Körperschaftsteuer bei Tochterfirmen angerechnet werden, die selbst wieder Körperschaftsteuer entrichten.

Für unsere nachfolgenden Überlegungen kommt nun wichtig hinzu:
Die Herstellung der Ausschüttungsbelastung bedeutet nicht etwa die Anwendung eines ermäßigten Steuersatzes - 30% statt 45% - auf den ausgeschütteten Einkommensanteil *des laufenden Veranlagungszeitraumes*. Vielmehr wird die Ausschüttungsbelastung durch rechnerische Ableitung aus der eingetretenen Tarifbelastung desjenigen Teils des "gespeicherten" Eigenkapitals (des sogenannten "für Ausschüttungen verwendbares Eigenkapital") hergestellt, das nach § 28 Abs. 3 Satz 1 KStG für die Ausschüttung als verwendet gilt.
Um den Gehalt dieses Satzes besser verstehen zu können, schließt sich nun der folgende Abschnitt „Gliederung des verwendbaren Eigenkapitals" an.

4.2 Funktion und Aufbau der Gliederungsrechnung

Die Gliederung des verwendbaren Eigenkapitals (vEK) stellt eine von der Gewinnermittlung zu unterscheidende *Sonderrechnung* dar. Die Gliederung des vEK hat zwei wesentliche Aufgaben:
1. Sie dient grundsätzlich dazu, das in der Körperschaft *vorhandene vEK gemäß seiner steuerlichen Belastung und des damit verbundenen KSt-Guthabens einzuteilen*. Dazu folgende Überlegung: Die Kapitalgesellschaft ermittelt zum Ende eines jeden Jahres ihr

zu versteuerndes Einkommen. Auch wenn der auf das zu versteuernde Einkommen anzuwendende Regelsteuersatz 45% beträgt, so bedeutet dies noch lange nicht, daß das gesamte für die Verrechnung von Zahlungen zur Verfügung stehende verwendbare Eigenkapital auch einer exakt 45%igen Tarifbelastung unterworfen wurde. Vielmehr kann die tatsächliche Steuerbelastung einzelner Einkommensteile zwischen 0 und 45% betragen (hierzu später mehr), so daß in der Gliederung des vEK drei Gruppen von Eigenkapitalien zu unterscheiden sind, die bei ihrem Zugang zum vEK einer körperschaftsteuerlichen Belastung von 45% oder 30% unterlegen haben bzw. steuerfrei blieben. Folglich ist das mit den Eigenkapitalien verbundene gespeicherte KSt-Guthaben, das (nur) durch die Verrechnung von Ausschüttungen freigesetzt werden kann, in den einzelnen Teilbeträgen unterschiedlich hoch. Die Verrechnung von Ausschüttungen mit den einzelnen Teilbeträgen und damit verbunden die Herstellung der 30%igen Ausschüttungsbelastung führt folglich zu KSt-Änderungen, auf die an anderer Stelle noch einzugehen ist.

2. *Die körperschaftsteuerlichen Folgen von Zahlungen, die aus versteuertem Einkommen der Kapitalgesellschaft erfolgen, können mit Hilfe der Gliederungsrechnung systematisch und den gesetzlichen Bestimmungen entsprechend erfaßt werden.* Zu diesen Zahlungen zählen z.B. die offene Gewinnausschüttung oder die nichtabziehbaren Ausgaben.

Um durch diese gesonderte Feststellung die Klarheit der Bilanz nicht zu belasten, erfolgt die *Gliederung des vEK entsprechend der Tarifbelastung* seiner einzelnen Teilbeträge *außerhalb der Bilanz*. Die Gewinnermittlungsvorschriften werden dadurch nicht tangiert. Der Nachteil dieser Praxis: Da die Gliederungsrechnung nicht veröffentlicht wird, bleiben dem Bilanzinteressierten wichtige Informationen, z.B. über die mit den Rücklagen verbundenen KSt-Guthaben, vorenthalten.

Als erstes Zwischenergebnis ist festzuhalten:
- Die Gliederung des vEK erfolgt außerhalb der Bilanzen in einer Sonderrechnung.
- Diese Sonderrechnung weist verschiedene Bestandteile aus, die sich hinsichtlich ihrer bisherigen körperschaftsteuerlichen Belastung unterscheiden.
- Die Summe dieser Bestandteile wird als verwendbares Eigenkapital bezeichnet. Die Verwendbarkeit bezieht sich z.B. auf die Verrechnung von Zahlungen in Form von Gewinnausschüttungen. Welcher Bestandteil des gegliederten Eigenkapitals für die Zahlung verwendet werden muß ist in § 28 KStG, der sogenannten Verwendungsfiktion, geregelt. Diese Verwendungsfiktion oder Reihenfolgefiktion schreibt fest, in welcher Reihenfolge die unterschiedlich belasteten Eigenkapitalteile als für die Ausschüttung verwendet gelten. Darauf soll aber erst im Zusammenhang mit der Verrechnungstechnik eingegangen werden.

Bis hierher wurde gezeigt, wie sich die Gliederung des verwendbaren Eigenkapitals aufbaut und wozu sie dient. Offen geblieben ist jedoch, was gegliedert und gesondert ausgewiesen und wie verrechnet werden soll.

§ 29 KStG definiert den Zentralbegriff des Anrechnungsverfahrens, das „**verwendbare Eigenkapital**" (vEK). Vom Grundgedanken entspricht das vEK der Summe der in der Gesellschaft thesaurierten Gewinne. Damit ist die Durchführung der endgültigen Belastungsrechnung *nicht* auf den Gewinn bzw. das Einkommen eines *einzelnen* (des laufenden) Kalenderjahres beschränkt, sondern es sind vielmehr alle noch nicht ausgeschütteten Gewinne einschließlich aller nicht im zu versteuernden Einkommen erfaßten Vermögensmehrungen laut Steuerbilanz einzubeziehen. Diese Summe des Ausschüttungsvolumens wird aus dem steuerbilanziellen Eigenkapital abgeleitet, welches im KStG als "für Ausschüttungen verwendbares Eigenkapital" (§ 29 KStG) bezeichnet wird.

Das verwendbare Eigenkapital setzt sich nicht nur aus den in den vergangenen Jahren thesaurierten Gewinnen zusammen, sondern es zählen auch die Einlagen der Anteilseigner hinzu, soweit sie nicht auf das Nennkapital geleistet wurden.

Umgekehrt: VEK ist der Teil des in der Steuerbilanz ausgewiesenen Eigenkapitals, der nicht Nennkapital ist. Zur Erinnerung: Nennkapital ist bei der GmbH das Stammkapital und bei Aktiengesellschaften das Grundkapital. Siehe hierzu die nachstehende Übersicht 8.

Übersicht 8: Das verwendbare Eigenkapital

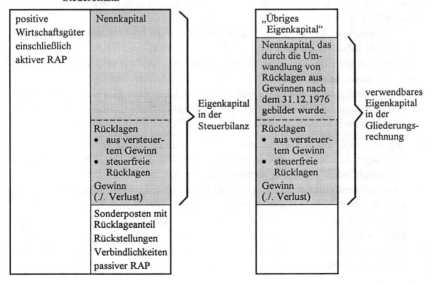

Die vorstehende Übersicht stellt den Zusammenhang zwischen dem verwendbaren Eigenkapital der Gliederungsrechnung und der Steuerbilanz lediglich vereinfacht dar. Der § 29 Abs. 1 KStG schreibt ergänzend dazu vor, daß für den Zweck der Ermittlung des verwendbaren Eigenkapitals die Körperschaftsteuer-Rückstellung in der Steuerbilanz in Höhe der Körperschaftsteuer-Tarifbelastung auszuweisen ist. Für die Ableitung des verwendbaren Eigenkapitals der Gliederungsrechnung ist daher von einer „vorläufigen Steuerbilanz" auszugehen, die unter der Annahme der Thesaurierung des gesamten Bilanzgewinns erstellt wird. Auch wenn bis hierher stets von der Ableitung des in der Gliederungsrechnung ausgewiesenen verwendbaren Eigenkapitals aus der Steuerbilanz bzw. „vorläufigen Steuerbilanz" die Rede war, so enthält § 29 Abs. 1 KStG nicht die Verpflichtung für alle Körperschaften zur Aufstellung einer Steuerbilanz (Abschn. 79 Abs. 3 KStR 1995). Stellt eine Körperschaft keine Steuerbilanz auf, so muß sie das Betriebsvermögen ermitteln, das sich, ausgehend vom Handelsbilanzergebnis, unter Berücksichtigung der steuerlichen Gewinnermittlungsvorschriften ergibt. Das Eigenkapital im Sinne des § 29 Abs. 1 KStG ist das Betriebsvermögen, welches sich ohne Änderung der Körperschaftsteuer nach § 27 KStG und ohne Verringerung um die im Wirtschaftsjahr erfolgten Ausschüttungen ergibt.

Wie bereits eingangs angedeutet ist das für Ausschüttungen verwendbare Eigenkapital, welches über mehrere Kalenderjahre fortgeschrieben und „gespeichert" wird, nach § 30 KStG zum Schluß eines jeden Wirtschaftsjahres entsprechend seiner Tarifbelastung zu gliedern und in einer Sonderrechnung auszuweisen. Die gesetzlichen Vorschriften zur Gliederung des verwendbaren Eigenkapitals befinden sich in § 30 KStG. Danach sind folgende Teilbeträge auszuweisen:

1. Einkommensteile, die nach dem 31. Dezember 1993 der Körperschaftsteuer ungemildert unterlegen haben ⇒ **EK_{45}**,
2. Einkommensteile, die nach dem 31. Dezember 1993 einer Körperschaftsteuer von 30 v.H. unterlegen haben ⇒ **EK_{30}**,
3. Vermögensmehrungen, die der Körperschaftsteuer nicht unterliegen oder die das Eigenkapital der Kapitalgesellschaft in vor dem 1. Januar 1977 abgelaufenen Wirtschaftsjahren erhöht haben ⇒ **EK_0**.

Der in § 30 Abs. 1 Nr. 3 KStG bezeichnete Teilbetrag EK_0 ist zu unterteilen in

3.1 Eigenkapitalanteile, die nach dem 31. Dezember 1976 abgelaufenen Wirtschaftsjahren aus ausländischen Einkünften entstanden sind ⇒ **EK_{01}**,

3.2 sonstige Vermögensmehrungen, die der Körperschaftsteuer nicht unterliegen und nicht unter Nummer 3 oder 4 einzuordnen sind ⇒ **EK_{02}**,

3.3 verwendbares Eigenkapital, das bis zum Ende des letzten vor dem 1. Januar 1977 abgelaufenen Wirtschaftsjahres entstanden ist ⇒ **EK_{03}**,

3.4 Einlagen der Anteilseigner, die das Eigenkapital in nach dem 31. Dezember 1976 abgelaufenen Wirtschaftsjahren erhöht haben ⇒ **EK_{04}**.

Die Gliederung des verwendbaren Eigenkapitals 45

Die nachfolgende Übersicht zeigt den „Prototyp" einer Gliederungsrechnung, d.h. der Sonderrechnung, die jährlich außerhalb der Bilanz zu führen ist und in der das verwendbare Eigenkapital hinsichtlich seiner Herkunft in die verschiedenen Teilbeträge zu gliedern ist. Ausgehend vom Bestand zum Schluß des vorangegangenen Veranlagungszeitraumes sind die Teilbeträge fortzuschreiben. Der Endbestand im vEK am 31.12.00 ist gleichzeitig der Anfangsbestand des Jahres 01. Die Fortschreibung umfaßt zunächst die Zugänge zu den Teilbeträgen aus dem zu versteuernden Einkommen und den steuerfreien Einkommensteilen des aktuellen Veranlagungszeitraumes. Soweit diese Zugänge nicht für Ausschüttungen verwendbar sind, erfolgt eine Korrektur der Teilbeträge (z.B. infolge sonstiger nichtabziehbarer Ausgaben, aber dazu später). Anschließend wird das für Ausschüttungen verwendbare Eigenkapital per 31.12.01 ausgewiesen. Diesem Ausweis schließt sich der nachrichtliche Teil an, in dem die Verrechnung der Ausschüttungen erfolgt. Am Ende des nachrichtlichen Teils ergeben sich die Endbestände der Teilbeträge für das Jahr 01, die als Anfangsbestand im Jahr 02 fortgeschrieben werden.

In der Übersicht 9 wird der „Prototyp" einer Gliederungsrechnung gezeigt. Neben den Teilbeträgen des vEK wird eine Spalte für die dazugehörigen Paragraphen geführt. Schlagen Sie in späteren Beispielen die zitierte gesetzliche Grundlage nach! Die Legende enthält nur einen Auszug der möglichen Bestandsveränderungen!

Übersicht 9: „Prototyp" einer Gliederungsrechnung

Legende		§ KStG	EK45	EK30	EK01	EK02	EK03	EK04
Bestand am 31.12.00 = 1.1.01		30 I	100	50	70	60	200	0
Zugänge zum vEK im Jahr 01 zu versteuerndes Einkommen ./. 45% KSt	100 45	7 I, 8 I 23 I						
= Zugang zum EK45	55		55					
Sonstige nichtabziehbare Ausgaben ...	30	31 I Nr. 4	- 30					
vEK am Schluß des Jahres 01			125	50	70	60	200	0
Nachrichtlicher Teil für das Jahr 01 Verrechnung von Ausschüttungen Bar-Dividende KSt-Minderung Entnahmebetrag EK45	70 15 55	28 II 27 I, 28 VI 28 III	- 55					
Bestand am 31.12.01 = 1.1.02			70	50	70	60	200	0

5. Bestandsveränderungen in der Gliederungsrechnung

Die in der Gliederungsrechnung ausgewiesenen Teilbeträge des verwendbaren Eigenkapitals stehen unter anderem für die Verrechnung einer Ausschüttung zur Verfügung. Dabei stellen sich zwei Fragen:

1. Woher stammen die Teilbeträge, die in der Gliederungsrechnung ausgewiesen werden und mit denen die Ausschüttung zu verrechnen ist. D.h., woher kommt z.B. ein Zugang in EK_{45} oder EK_{30}. Dabei muß klar sein, daß der in EK_{30} ausgewiesene Teilbetrag des vEK zwar mit einem Körperschaftsteuer-Satz von 30% belastet ist, aber kausal *nicht* mit einer Ausschüttung bzw. der zugehörigen Ausschüttungsbelastung in Zusammenhang steht. Für Ausschüttungen sind zunächst alle in der Gliederungsrechnung ausgewiesenen Teilbeträge verwendbar (und eben nicht nur das EK_{30}). Mit anderen Worten: Die Gliederung des vEK ist eine Sonderrechnung, die das in der Kapitalgesellschaft verwendbare Eigenkapital gemäß seiner bisherigen steuerlichen Belastung darstellt. Die Verrechnung einer Gewinnausschüttung ist dem Zeitpunkt der Einstellung der verschiedenen Teilbeträge des Einkommens in die Teilbeträge der Gliederung des vEK nachgelagert. Die Berücksichtigung der Gewinnausschüttungen erfolgt erst in einem sogenannten nachrichtlichen Teil, der sich der Eigenkapitalgliederung per 31.12. eines jeden Jahres anschließt. Zunächst aber zurück zum Ausgangspunkt. Nehmen Sie an, Sie haben die Gliederung des vEK des Vorjahres zum 31.12.01 erstellt und wollen nun im neuen Jahr 02 eine Dividende für das Jahr 01 auszahlen. Welche Teile des vEK gemäß der Eigenkapitalgliederung stehen für die Verrechnung der Ausschüttung zur Verfügung und woher stammen sie?

Mit der Beantwortung der Frage "woher" diese Teilbeträge des vEK am 31.12. stammen beschäftigt sich der Abschnitt „5.1 Zugänge zum verwendbaren Eigenkapital".

2. Was passiert, wenn Teilbeträge verwendet werden, die bei dem Zugang in die jeweilige Eigenkapitalie einem Körperschaftsteuer-Satz unterlegen haben, der von der Ausschüttungsbelastung in Höhe von 30% (§ 27 Abs. 1 KStG) abweicht, also

größer 30% (EK_{45}) ist oder

kleiner 30% (EK_0) ist und was passiert, wenn

der als verwendet geltende Teilbetrag bereits mit 30% (EK_{30}) belastet ist ?

Dieser Fragestellung wird im übernächsten Abschnitt „5.2 Eigenkapitalverwendung i.S. von Ausschüttung" nachgegangen.

5.1 Zugänge zum verwendbaren Eigenkapital

Die Gliederung des vEK ist nicht auf den Gewinn bzw. das Einkommen eines einzelnen (des laufenden) Kalenderjahres beschränkt. Vielmehr sind alle bis zum Feststellungszeitpunkt (31.12.) noch nicht ausgeschütteten Gewinne der vorangegangenen Veranlagungszeiträume einzubeziehen. Da die Gliederungsrechnung über die Jahre festgeschrieben wird, ist für jeden Teilbetrag dazu jeweils der Vorjahres-Saldo als Anfangsbestand zu übernehmen. Für das laufende Wirtschaftsjahr können dann zwei Arten des Zugangs zum vEK unterschieden werden:
- Direkter Zugang und
- indirekter Zugang (§ 32 KStG).

5.1.1 Direkter Zugang

Für den direkten Zugang in die Teilbeträge des vEK kommen folgende Einkommensteile in Betracht:
1. Einkommensteile sind dem vEK dann direkt zurechenbar, wenn sie ungemildert der Körperschaftsteuer, also dem 45%igen KSt-Satz, unterliegen. Dazu zählen alle inländischen Einkommensteile. Der Zugang zum EK_{45} ergibt sich dann aus der nachstehenden Rechnung.

    Zu versteuerndes Einkommen
./. tarifliche KSt (45 v.H.) gem. § 31 Abs. 1 Nr. 2 KStG

= Zugang zum EK_{45}

2. Für den Fall, daß ausländische Einkünfte erzielt wurden und die darauf lastende ausländische Steuer nicht auf die inländische Steuer angerechnet wird, ergibt sich der Zugang zum EK_{45} aus der nachstehenden Rechnung.

    (1) Ausländische Einkünfte
./. (2) nicht anrechenbare ausländische Steuern
    (§ 31 Abs. 1 Nr. 3 KStG)
./. (3) tarifliche KSt auf die ausländischen Nettoeinkünfte [45% auf (1)]
    (§ 31 Abs. 1 Nr. 2 KStG)

= (4) Zugang zum EK_{45}

3. Steuerfreie Einkommensteile werden ebenfalls *direkt* in die Gliederungsrechnung (in EK_{01} bis EK_{04}) eingestellt.

5.1.2 Indirekter Zugang

Nachdem verschiedene Einkommensteile in die Teilbeträge EK_{45} und EK_0 direkt eingestellt werden, bleibt zu klären, welche Bedeutung EK_{30} in der Gliederungsrechnung zukommt.

Eine Vielzahl von Tarifermäßigungen (z.B. § 21 Abs. 2 und Abs. 3 Berlin-FG: Tarifermäßigung für in Berlin erzielte Gewinne; § 26 Abs. 6 KStG: Ausländische Einkünfte aus Handelsschiffen) kann dazu führen, daß die auf dem gesamten Einkommen bzw. bestimmten Einkommensteilen lastende KSt einen theoretischen Prozentsatz zwischen 0 und 45% annimmt. Da nicht für jeden dieser unterschiedlich belasteten Eigenkapitalteile eine eigene Spalte in der Gliederungsrechnung gebildet werden kann, sieht § 32 KStG eine Aufteilung dieser EK-Zugänge auf die Positionen EK_{45}, EK_{30} und EK_0 vor.

Der indirekte Zugang erfolgt aus den Einkommensteilen, die einer ermäßigten Körperschaftsteuer unterliegen. Bei dem indirekten Zugang wird grundsätzlich ein mit ermäßigter Körperschaftsteuer belasteter EK-Zugang zwei Teilbeträgen zugeordnet. Welche Teilbeträge von dieser Zuordnung berührt werden, richtet sich nach der Höhe der ermäßigten Tarifbelastung.

Bei einer ermäßigten Belastung
zwischen 45 und > 30 Prozent erfolgt die Aufteilung auf EK_{45} und EK_{30},
zwischen 0 und < 30 Prozent erfolgt die Aufteilung auf EK_{30} und EK_0.
Die Aufteilung ist in § 32 KStG geregelt. Eine Ausnahme hierzu findet sich in § 27 Berlin-FG, der eine eigenständige Zuordnungsregel beinhaltet.

☞ Literatur: Abschn. 87 KStR 1995

5.2 Eigenkapitalverwendung i.S. von Ausschüttung

Für die nachfolgenden Überlegungen kommt nun wichtig hinzu: Die Herstellung der Ausschüttungsbelastung bedeutet *nicht* die Anwendung eines ermäßigten Steuersatzes (30% statt 45%) auf den ausgeschütteten Einkommensteil des *laufenden* Veranlagungszeitraumes, sondern die Minderung oder Erhöhung der Körperschaftsteuer um den Unterschiedsbetrag zwischen der Belastung des Eigenkapitals, das nach § 28 KStG als für die Ausschüttung verwendet gilt und der Ausschüttungsbelastung in Höhe von 30% (§ 27 Abs. 1 KStG). Zunächst sind zwei Aspekte zu beachten:

Erstens: Ausgehend vom Bestand des vEK zum Schluß des vorausgegangenen Wirtschaftsjahres werden die Teilbeträge fortgeschrieben. Der Endbestand der Teilbeträge des verwendbaren Eigenkapitals nach Verrechnung der Ausschüttungen im sogenannten „nachrichtlichen Teil" am 31.12.01 ist zugleich der Anfangsbestand zum 1.1.02.

Zweitens: Die 30%ige Ausschüttungsbelastung wird durch rechnerische Ableitung aus der eingetretenen Tarifbelastung desjenigen Teils des "gespeicherten" vEK (des sogenannten für Ausschüttungen verwendbaren Eigenkapitals) hergestellt, das nach § 28 Abs. 3 KStG als für die Ausschüttung als verwendet gilt. Danach werden die Teilbeträge des nach § 30 KStG gegliederten vEK für die Verrechnung von Ausschüttungen in der Reihenfolge verwendet, in der ihre Belastung mit KSt abnimmt (gem. § 28 Abs. 3 KStG).

Damit zurück zu der eingangs gestellten Frage, was passiert, wenn in der Gliederungsrechnung ausgewiesene Teilbeträge verrechnet werden, die nicht - im Wege der Aufteilungsrechnung - rechnerisch (!) einem 30%igen KSt-Satz unterlegen haben (z.B. EK_{45} oder EK_0).

5.2.1 Herstellung der Ausschüttungsbelastung

Schüttet eine unbeschränkt steuerpflichtige Kapitalgesellschaft Gewinn aus, so mindert oder erhöht sich ihre Körperschaftsteuer um den Unterschiedsbetrag zwischen der bei ihr eingetretenen Belastung des Eigenkapitals, das nach § 28 KStG als für die Ausschüttung verwendet gilt, und der Ausschüttungsbelastung in Höhe von 30 v.H. (§ 27 Abs. 1 KStG). Anders gesagt: Steht fest, welcher Teilbetrag des verwendbaren Eigenkapitals i.S. des § 28 Abs. 3 KStG als für die Ausschüttung verwendet gilt, so kann die KSt-Änderung und damit die Ausschüttungsbelastung, die stets 30% beträgt, durch eine einfache Rechenoperation (Dreisatz in Verbindung mit Verhältniszahlen) hergestellt werden.
Die KSt-Änderung ist eine KSt-Minderung, wenn die ausgeschüttete Eigenkapitalie bei ihrem Zugang zum vEK mit 45% belastet worden ist.
Wurde die ausgeschüttete Eigenkapitalie bei ihrem Zugang zum vEK nicht mit KSt belastet, so ergibt sich i.d.R. eine KSt-Erhöhung.
Sind die ausgeschütteten Eigenkapitalien bereits bei ihrem - indirekten - Zugang zum vEK mit 30% belastet worden, so ergibt sich bei ihrer Ausschüttung keine KSt-Änderung.

Die Übersicht 10 zeigt die Änderung der KSt-Belastung bei Verwendung verschiedener Teilbeträge des vEK. Der Verrechnungsvorgang wirkt wie eine Schleuse: Unabhängig von der Thesaurierungsbelastung wird die Belastung der Ausschüttung auf 30 v.H. hoch- bzw. herabgesetzt.

Übersicht 10: Die KSt-Änderung bei der Verrechnung einer Ausschüttung

| Verwendbares Eigenkapital | Schleuse: ↑ KSt-Erhöhung ↓ KSt-Minderung | Regelzusammensetzung einer Ausschüttung |

EK_{45} — 45% KSt

EK_{30} — 30% KSt → 30 → 30 → 30% KSt / 70 Bar-D.

EK_0 — 0

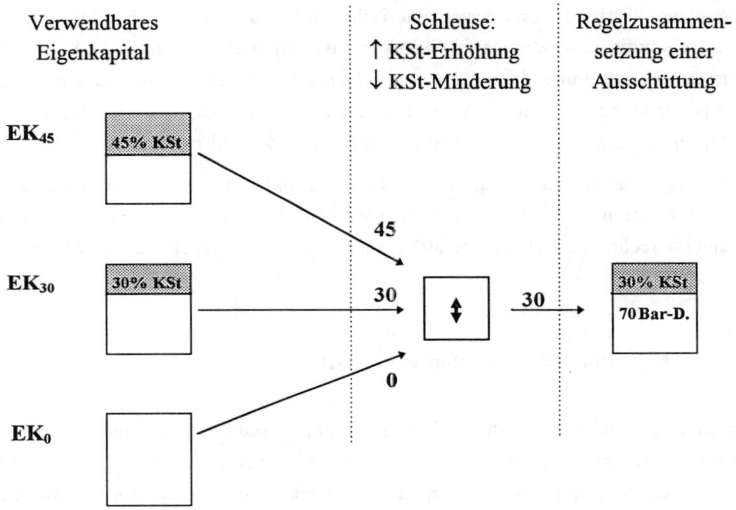

5.2.1.1 Körperschaftsteuer-Minderung

Erfolgt die Ausschüttung nach der Verwendungsfiktion des § 28 Abs. 3 KStG aus dem Teilbetrag des vEK, der einem 45%igen, ungemilderten Körperschaftsteuersatz unterlegen hat, so kommt es zu einer Körperschaftsteuer-Minderung.

Die dazu notwendige Rechnung wird am folgenden Beispiel deutlich:

1	Gewinn vor KSt	100.000 DM	
2	KSt (45 v.H.)	45.000 DM	
3	Zugang zum vEK [EK_{45}]	55.000 DM	55.000 DM
4	Beschlossene Gewinnausschüttung = Bar-Dividende aus EK45	40.000 DM	
5	*Körperschaftsteuer-Minderung* (Unterschiedsbetrag = 45 ./. 30 = 15, bezogen auf die Bar-Dividende = 70 → 15/70 ⇒ 15/70 · 40.000 = 8.571,5)	-8.571,5 DM	
6	Erforderliche EK_{45}-Entnahme	31.428,5 DM	-31.428,5 DM
7	Verbleibendes EK_{45}		23.571,5 DM

Will eine Gesellschaft eine Bar-Dividende aus EK_{45} ausschütten, so setzt sich diese aus zwei Teilbeträgen zusammen:
Zum einen aus dem um die Tarifbelastung verminderten Betrag (100 ./. 45 = 55) und zum anderen aus der Körperschaftsteuer-Minderung in Höhe von 15 (45 ./. 30).
Beide Teilbeträge, also die Körperschaftsteuer-Minderung (15) und der um die Tarifbelastung verminderte Betrag (55), ergeben die Bar-Dividende in Höhe von 70, die - vorbehaltlich der Kapitalertragsteuer - auf dem Konto des Anteilseigners gutgeschrieben wird. Der Betrag der Körperschaftsteuer-Minderung ist demnach stets im ausgeschütteten Gewinn enthalten. § 28 Abs. 6 KStG bestimmt hierzu: "Als für die Ausschüttung verwendet gilt auch der Betrag, um den sich die Körperschaftsteuer mindert."
Reicht die Summe des ungemildert belasteten Eigenkapitals (EK_{45}) nicht aus, um die geplante Ausschüttung zu alimentieren, so wird aus EK_{30} ausgeschüttet. Dabei kommt es weder zu einer Minderung noch zu einer Erhöhung der Körperschaftsteuer.

5.2.1.2 Körperschaftsteuer-Erhöhung

Für den Fall, daß EK_{45} und EK_{30} nicht zur Verrechnung der Ausschüttung ausreichen, muß auf EK_0, das unbelastete Eigenkapital, zurückgegriffen werden. Dabei muß unterschieden werden, ob die Ausschüttung mit dem EK_{01} und EK_{04} oder mit dem EK_{02} und EK_{03} verrechnet wird.
Erfolgt eine Ausschüttung aus EK_{02} oder EK_{03}, so muß zunächst die Ausschüttungsbelastung hergestellt werden. Ursache hierfür ist das Anrechnungsverfahren, bei dem der An-

teilseigner eine Körperschaftsteuer-Gutschrift erhält. Damit dies einheitlich möglich ist, müssen auch die unbelasteten Eigenkapitalbeträge bei ihrer Verwendung für Ausschüttungen der Körperschaftsteuer in Höhe von 30% unterworfen werden. Es kommt daher bei einer Verwendung von EK_{02} und EK_{03} zu einer Körperschaftsteuer-Erhöhung.

Beispiel:

(1)	Verwendbares EK_{02} (= 100)	100	50.000 DM
(2)	./. 30% KSt auf (1) (30/100)	30	15.000 DM
(3)	= maximal mögliche Bar-Dividende	70	35.000 DM

=> aus einem EK_{02}-Bestand in Höhe von 100 kann eine maximale Bar-Dividende in Höhe von 70 ausgeschüttet werden.

Wird nun statt der maximalen Bar-Dividende ein niedrigerer Betrag aus EK_{02} ausgeschüttet, so berechnet sich das zur Verrechnung notwendige EK_{02} aus:

(Bar-Dividende: 100 ./. 30 = 70)

(1)	Bar-Dividende 70	25.000 DM
(2)	+ KSt-Erhöhung [(30/70) · (1)]	+ 10.714 DM
(3)	= benötigtes EK_{02} (100/70)	35.714 DM

Soweit die EK_0-Fonds EK_{01} und EK_{04} für die Verrechnung von Ausschüttungen oder sonstigen Leistungen verwendet werden, bestimmt das Gesetz (§ 40 Satz 1 Nr. 1 und 2 KStG) eine Ausnahme: Die Körperschaftsteuer ist in diesen Fällen nicht zu erhöhen. Der in EK_{01} und EK_{04} ausgewiesene Bestand entspricht der mit diesen beiden Teilbeträgen jeweils maximal verrechenbaren Bar-Dividende.

5.2.1.3 Multiplikatoren

In Zusammenhang mit der KSt-Erhöhung und der KSt-Minderung werden Verhältniszahlen für die Berechnung der KSt-Änderung verwendet. Die festen Relationen zwischen den in Zusammenhang mit der Gliederungsrechnung bedeutsamen Größen ermöglichen die Kombination jeweils von zwei Verhältniszahlen zu einem Multiplikator, der wiederum zur Berechnung einer gesuchten Größe verwendet werden kann. So berechnet sich z.B. der Betrag des Anrechnungsguthabens bei bekannter Bar-Dividende durch Multiplikation der Bar-Dividende mit dem Faktor (30/70). Erhält der Anteilseigner eine Bar-Dividende in

Bestandsveränderungen in der Gliederungsrechnung 53

Höhe von 200 DM, so beträgt das KSt-Anrechnungsguthaben folglich 140 · (30/70) = 60 DM. Der Faktor setzt sich stets zusammen aus der *Verhältniszahl der gesuchten Größe dividiert durch die Verhältniszahl der bekannten Größe*. Ist also die tatsächliche Bar-Dividende bekannt, so ergibt sich das tatsächliche Anrechnungsguthaben aus der Multiplikation der tatsächlichen Bar-Dividende mit dem Verhältnis des Anrechnungsguthabens zur Bar-Dividende, eben 30 zu 70 bzw. 30/70. Verhältniszahlen existieren für sämtliche Berechnungen innerhalb der Gliederungsrechnung. Die nachfolgende Übersicht zeigt ein Tableau mit den am häufigsten verwendeten Verhältniszahlen und deren Kombination zu Multiplikatoren. In den jeweiligen Multiplikator geht die Bar-Dividende stets mit der Verhältniszahl 70 ein, die Brutto-Dividende mit der Verhältniszahl 100, die KSt-Minderung mit 15, die KSt-Erhöhung mit 30 sowie der Entnahmebetrag aus EK_{45} mit der Verhältniszahl 55.

Übersicht 11: Wichtige Verhältniszahlen und Multiplikatoren

		Bekannte Größe				
		Entnahme-betrag EK_{45} (55)	Bar-Dividende (70)	Brutto-Dividende (100)	KSt-Minderung (15)	KSt-Erhöhung (30)
Gesuchte Größe	Entnahmebetrag EK_{45} (55)	-	55/70	55/100	55/15	-
	Entnahmebetrag EK_{02} oder EK_{03} (100)	-	100/70	100/100	-	100/30
	Bar-Dividende (70)	70/55	-	70/100	70/15	70/30
	KSt-Minderung (15)	15/55	15/70	15/100	-	-
	KSt-Erhöhung (30)	-	30/70	30/100	-	-

☞ Zu den Multiplikatoren und Verhältniszahlen → Aufgabe A.1

Achtung: Im folgenden wird der Ausschüttungsbetrag mit der Bar-Dividende (70) gleichgesetzt. In der Legende der Gliederungsrechnung wird die Summe der mit dem verwendbaren Eigenkapital zu verrechnenden Ausschüttungen ebenfalls auf die Bar-Dividende (70) bezogen.

5.2.2 Reihenfolgefiktion bei der Verrechnung von Ausschüttungen

Die Einstellung von verwendbarem Eigenkapital in den in der Gliederungsrechnung ausgewiesenen Teilbetrag EK_{30} steht in keinem kausalen Zusammenhang mit einer Ausschüttung. Die Summe *aller* in der Gliederungsrechnung ausgewiesenen Teilbeträge ist das *verwendbare EK*, welches in seiner Gesamtheit für die Verrechnung von Ausschüttungen zur Verfügung steht.

Welcher Teilbetrag der Gliederungsrechnung für eine Ausschüttung als verwendet gilt, ergibt sich aus § 28 Abs. 3 KStG, der als Verwendungsfiktion oder Reihenfolgefiktion bezeichnet wird. Er regelt, in welcher Reihenfolge die Teilbeträge des vEK für eine Ausschüttung zu verwenden sind.

Gemäß der Verwendungsfiktion (= Reihenfolgefiktion) des § 28 Abs. 3 KStG gelten zunächst
1. die mit Körperschaftsteuer belasteten Teilbeträge in der Reihenfolge als für die Ausschüttung verwendet, in der ihre Belastung abnimmt (EK_{45}, EK_{30}). Reichen diese Teilbeträge nicht aus, d.h., ist die mit diesen Teilbeträgen verrechenbare maximale Bar-Dividende kleiner als die tatsächliche Bar-Dividende, so gelten
2. die nichtbelasteten Teilbeträge des Eigenkapitals in der Reihenfolge der aufsteigenden Numerierung der EK_0-Teilbeträge (also EK_{01}, EK_{02}, EK_{03}, EK_{04}) als verwendet.

☞ Zur Reihenfolgefiktion → Aufgaben A.4, A.5, A.6, A.13, A.14

Reicht das vEK in seiner Gesamtheit - also die Summe der einzelnen Teilbeträge - für die Verrechnung der tatsächlichen Ausschüttung nicht aus, so ist der übersteigende Betrag plus die darauf liegende KSt-Erhöhung negativ ins EK_{02} einzustellen (§ 35 Abs. 1 und Abs. 2 KStG).

☞ Fehlendes verwendbares Eigenkapital → Aufgabe A.11

Die *Grundregel* des § 28 Abs. 3 KStG weist die folgenden Vorteile auf:
a) Die steuerliche Belastung der als verwendet geltenden Eigenkapitalteile ist sofort bestimmbar und
b) stets gelangt der größtmögliche Teil der Tarifbelastung zur Anrechnung, da die Reihenfolge EK_{45}, EK_{30}, EK_0 eingehalten wird.

Aber Vorsicht: Von dieser Grundregel sind folgende *Ausnahmen* zu unterscheiden:

1. **Die Verwendungsfiktion bei nachträglicher Änderung der belasteten Eigenkapitalien, z.B. aufgrund eines Verlustrücktrages oder einer Betriebsprüfung.**
Reichen die belasteten Beträge aufgrund einer *späteren Änderung* nicht mehr zur Verrechnung der Ausschüttung aus, so ist der überschießende Betrag plus die Körperschaftsteuererhöhung negativ in das EK_{02} einzustellen (§ 28 Abs. 4 KStG). Dies gilt auch dann, wenn positive EK_{01}-, EK_{03}- und EK_{04}-Bestände vorhanden sind.
Die Begründung hierfür: Mit der Ausschüttung - z.B. im Jahr 01 - hat der Steuerpflichtige ein Anrechnungsguthaben in Höhe der Ausschüttungsbelastung erhalten. Da bei Ausschüttungen für EK_{01}- und EK_{04}-Bestände gem. § 40 KStG die Ausnahmeregel gilt, wonach keine Ausschüttungsbelastung herzustellen ist und danach bei Ausschüttungen aus EK_{01} und EK_{04} beim Anteilseigner kein Anrechnungsguthaben besteht, darf es durch die nachträgliche Änderung der belasteten und für die Ausschüttung verwendeten Eigenkapitalien nicht zu einer Ausschüttung aus EK_{01} oder EK_{04} kommen.
Beispiel: Im Jahr 03 wird bei einer Betriebsprüfung festgestellt, daß das Einkommen im Jahr 01 zu hoch ausgewiesen wurde und damit der Bestand im EK_{45} am 31.12.01 für die Verrechnung der Ausschüttung nachträglich nicht mehr ausreicht. Nachträglich meint: Die im Jahr 02 aufgestellte Gliederungsrechnung per 1.1.02 ist aufgrund der Betriebsprüfung im Jahr 03 abzuändern. Mangels ausreichendem Bestand kann die ursprüngliche, sich aus der Sicht des Jahres 02 - in dem die Gliederungsrechnung per 31.12.01 und damit für das Jahr 01 bereits aufgestellt wurde - ergebende Verwendung von EK_{45} nicht aufrechterhalten bleiben.
Die Bedeutung des § 28 Abs. 4 KStG resultiert aus dem Sachverhalt, daß die Anteilseigner im Jahr 02 aufgrund der Verwendung von EK_{45} ein Anrechnungsguthaben geltend gemacht haben, das aufgrund der Erkenntnisse des Jahres 03 bei der geänderten Verrechnung der Ausschüttung mit EK_{01} oder EK_{04} statt mit EK_{45} im Jahr 02 nicht hätte vergütet werden dürfen, da bei Verwendung von EK_{01} oder EK_{04} die Ausschüttungsbelastung nicht herzustellen ist. Deshalb bestimmt § 28 Abs. 4 KStG: Reicht beispielsweise aufgrund einer Betriebsprüfung oder eines Verlustrücktrages später EK_{45} und EK_{30} nicht mehr zur Verrechnung der Ausschüttung aus, so darf nicht auf ggfs. vorhandene positive EK_{01}- oder EK_{04}-Bestände zurückgegriffen werden. Auch ggfls. vorhandene positive EK_{03}-Bestände dürfen nicht verwendet werden (vgl. das Beispiel zu Abschn. 78 Abs. 5 KStR 1995).
Zusammenfassend ist festzuhalten: Reichen nachträglich durch eine Betriebsprüfung oder durch die Verrechnung eines Verlustrücktrages die belasteten Eigenkapitalien zur Verrechnung von Ausschüttungen nicht mehr aus, so muß, auch bei positiven Beständen

in EK_{01}, EK_{03} oder EK_{04}, der überschießende Teil plus die darauf liegende Körperschaftsteuererhöhung negativ ins EK_{02} eingestellt werden. Trotz der Änderung der ursprünglichen Verwendung von EK_{45} und/oder EK_{30} aufgrund der nachträglichen Bestandsveränderung in diesen Teilbeträgen wird durch die Verrechnung der Ausschüttung mit EK_{02} - mit der Folge der KSt-Erhöhung - gewährleistet, daß die Kapitalgesellschaft das den Anteilseignern bereits gutgeschriebene Anrechnungsguthaben weiterhin finanziert.

Achtung: Der § 28 Abs. 4 KStG stellt auf eine Änderung einer bereits vollzogenen Verrechnung/Verwendung ab, während § 35 KStG gerade nicht von einer Änderung der ursprünglichen Verrechnung/Verwendung ausgeht. Oder anders: § 28 Abs. 4 KStG greift an der Stelle, wo es aufgrund einer *späteren* (!) Bestandsveränderung bei konsequenter Anwendung der Verwendungsfiktion des § 28 Abs. 3 KStG zu einer Änderung bereits ausgestellter KSt-Bescheinigungen kommen *würde*. Um dies zu vermeiden, wurde § 28 Abs. 4 KStG in das Gesetz eingebracht. Hat eine spätere Bestandsveränderung keinen Einfluß auf eine bereits ausgestellte KSt-Bescheinigung, so greift bei fehlendem vEK § 35 Abs. 1 und Abs. 2 KStG.

☞ Aufgabe A.9

2. Die Verwendungsfiktion bei nachträglicher Änderung des EK_{01}

Auch der Bestand an EK_{01} kann durch eine Betriebsprüfung nachträglich verringert werden. Sollte bei einer in der Vergangenheit durchgeführten Gewinnausschüttung das EK_{01} verwendet worden sein, gilt durch den ebenfalls neu eingefügten § 28 Abs. 5 KStG das EK_{01} in derselben Weise als verwendet wie vor der nachträglichen Änderung des vEK. Dies gilt auch dann, wenn dadurch das EK_{01} negativ wird! Die Begründung erfolgt analog zu § 28 Abs. 4 KStG: Den Anteilseignern ist aufgrund der ursprünglichen Verrechnung der Ausschüttung mit EK_{01} im nachrichtlichen Teil am Ende des Jahres 01 kein Anrechnungsguthaben auf die Einkommensteuerschuld gutgeschrieben worden. § 28 Abs. 5 KStG gewährleistet durch die Festschreibung der Verwendung von EK_{01}, daß eine nachträgliche Bestandsminderung in diesem Teilbetrag nicht zu einer Alimentation der Ausschüttung aus anderen Teilbeträgen und damit zu einem Anrechnungsguthaben führt.

☞ Aufgabe A.10

3. Festschreibung der Verwendungsfiktion bei Vergütung des Körperschaftsteuer-Erhöhungsbetrages

Nichtanrechnungsberechtigte Anteilseigner können sich nach § 52 KStG i.V.m. § 36e EStG die Ausschüttungsbelastung vom BMF erstatten lassen, soweit eine Ausschüttung aus EK_{03} erfolgt. Wird z.b. durch eine Betriebsprüfung festgestellt, daß der EK_{45}-Bestand zu niedrig ausgewiesen wurde und könnte dadurch die gesamte Ausschüttung aus EK_{45} statt wie zuvor aus EK_{45} und EK_{03} gespeist werden, so bleibt es dennoch bei der Verrechnung mit EK_{03} wie gehabt. Diese Festschreibung der Verwendung von EK_{03} ist notwendig, weil in der Praxis eine Rückforderung des BMF an die nichtanrechnungsberechtigten Anteilseigner, die zuvor einen Erstattungsantrag gestellt hatten, nicht durchführbar ist. Soweit in Zusammenhang mit der Verwendung von EK_{03} keine Erstattungsanträge gestellt wurden, tritt die Festschreibung des § 28 Abs. 7 KStG nicht in Kraft.

Zu beachten bleibt aber nun folgendes:
Gelangen Eigenkapitalteile, die mit einem von 30 v.H. abweichenden Körperschaftsteuer-Satz belastet sind, zur Ausschüttung, so muß zwecks Herstellung der körperschaftsteuerlichen Ausschüttungsbelastung eine Körperschaftsteuer-Erhöhung oder -Minderung durchgeführt werden. Diese Aspekte wurden im vorstehenden Abschnitt "Herstellung der Ausschüttungsbelastung" behandelt.

☞ Literatur: Abschn. 78 Abs. 5, 6, 7, 8 KStR 1995

5.2.3 Zeitliche Bestimmungen bei Ausschüttungen

Sofern eine Kapitalgesellschaft Ausschüttungen vornimmt - mit den Ausnahmen bei der Verwendung von EK_{01} und EK_{04} - ist die Ausschüttungsbelastung herzustellen. Die Verwendungsfiktion des § 28 Abs. 3 KStG regelt, welche Teilbeträge des verwendbaren Eigenkapitals in welcher Reihenfolge als für die Ausschüttung verwendet gelten.
- Soweit nichtbelastete Teilbeträge als verwendet gelten (EK_{02} und EK_{03}) kommt es zu einer Körperschaftsteuererhöhung.
- Soweit EK_{45} verwendet gilt, kommt es zu einer Körperschaftsteuerminderung.

Die Körperschaftsteuer-Erhöhung oder Körperschaftsteuer-Minderung ist *bis jetzt* nur unter den *verrechnungstechnischen Aspekten* der Herstellung der Ausschüttungsbelastung betrachtet worden. Offen geblieben ist dabei der *Zeitpunkt*, zu dem Ausschüttungen bzw. die daran anknüpfenden Körperschaftsteuer-Änderungen bei
- der Ermittlung des Körperschaftsteuer-Aufwandes bzw. der
- Fortschreibung des vEK zu berücksichtigen sind.

Schauen Sie sich nun den unteren Teil der nachfolgenden Übersicht mit den Textauszügen von § 27 Abs. 3 und § 28 Abs. 2 KStG an. Sie sehen, daß im Grundsatz zwei Gruppen von Ausschüttungen unterschieden werden. Zum einen die „Gewinnausschüttungen, die auf einem den gesellschaftsrechtlichen Vorschriften entsprechenden Gewinnverteilungsbeschluß für ein abgelaufenes Wirtschaftsjahr beruhen" und zum anderen die „anderen Ausschüttungen".

Im folgenden wollen wir, bezogen auf die nachstehende Übersicht zeilenweise vorgehend, für beide Gruppen von Ausschüttungen überlegen, wann sich die Ausschüttungen auf die Fortschreibung des vEK auswirken und wann die Körperschaftsteuer-Änderungen auf die Ermittlung des Körperschaftsteuer-Aufwandes Einfluß nehmen. Welche Ausschüttungsart zu welcher Gruppe von Ausschüttungen zählt kann zunächst offen bleiben.

Übersicht 12: Rechtsfolgen der Ausschüttungsgruppen

Ausschüttungen

Gewinnausschüttungen, die auf einem den gesellschaftsrechtlichen Vorschriften entsprechenden Gewinnverteilungsbeschluß für ein abgelaufenes Wirtschaftsjahr beruhen	*Andere Ausschüttungen*
§ 27 Abs. 3 S. 1 KStG: „Beruht die Ausschüttung auf einem den gesellschaftsrechtlichen Vorschriften entsprechenden Gewinnverteilungsbeschluß für ein abgelaufenes Wirtschaftsjahr, tritt die Minderung oder Erhöhung für den Veranlagungszeitraum ein, in dem das Wirtschaftsjahr endet, für das die Ausschüttung erfolgt."	§ 27 Abs. 3 S. 2 KStG: „Bei anderen Ausschüttungen ändert sich die Körperschaftsteuer für den Veranlagungszeitraum, in dem das Wirtschaftsjahr endet, in dem die Ausschüttung erfolgt."
§ 28 Abs. 2 S. 1 KStG: „Gewinnausschüttungen, die auf einem den gesellschaftsrechtlichen Vorschriften entsprechenden Gewinnverteilungsbeschluß für ein abgelaufenes Wirtschaftsjahr beruhen, sind mit dem verwendbaren Eigenkapital zum Schluß des letzten vor dem Gewinnverteilungsbeschluß abgelaufenen Wirtschaftsjahres zu verrechnen."	§ 28 Abs. 2 S. 2 KStG: „Andere Ausschüttungen sind mit dem verwendbaren Eigenkapital zu verrechnen, das sich zum Schluß des Wirtschaftsjahres ergibt, in dem die Ausschüttung erfolgt."

Anrechnungsverfahren

Ausgehend von § 28 Abs. 2 KStG soll nun auf die zeitlichen Aspekte der Verrechnung von Ausschüttungen bei der Fortschreibung des vEK eingegangen werden.

5.2.3.1 Auswirkungen von Ausschüttungen auf die Fortschreibung des vEK in der Gliederungsrechnung

Die zentralen Regelungen zur zeitlichen Verrechnung einer Ausschüttung mit dem vEK finden sich in § 28 Abs. 2 KStG. Dieser regelt den Zeitpunkt der Verrechnung in Abhängigkeit der Art der Ausschüttung. Zunächst werden im folgenden die Standardfälle des § 28 Abs. 2 KStG vorgestellt und anschließend um zwei Besonderheiten ergänzt.

5.2.3.1.1 Standardfälle des § 28 Abs. 2 KStG

Nach § 28 Abs. 2 Satz 1 KStG sind die *Gewinnausschüttungen, die auf einem den gesellschaftsrechtlichen Vorschriften entsprechenden Gewinnverteilungsbeschluß für ein abgelaufenes Wirtschaftsjahr beruhen*, mit dem verwendbaren Eigenkapital zum Schluß des letzten vor dem Gewinnverteilungsbeschluß abgelaufenen Wirtschaftsjahres zu verrechnen. Das gilt auch dann, wenn der Beschluß ein früheres als das vorangegangene Wirtschaftsjahr betrifft (siehe hierzu Abschn. 78 Abs. 1 KStR 1995). Die *Gewinnausschüttung, die auf einem den gesellschaftsrechtlichen Vorschriften entsprechenden Gewinnverteilungsbeschluß für ein abgelaufenes Wirtschaftsjahr beruht*, wird mit dem verwendbaren Eigenkapital zum 31.12. des Jahres verrechnet, das dem Jahr, in dem die Gewinnverteilung beschlossen wurde, vorangeht, so daß letztlich das verwendbare Eigenkapital erst in dem Jahr vermindert wird, in dem die Auszahlungsverpflichtung begründet wird.

Beispiel A:
Im Jahr 04 erfolgt eine Gewinnausschüttung, die auf einem den gesellschaftsrechtlichen Vorschriften entsprechenden Gewinnverteilungsbeschluß für ein abgelaufenes Wirtschaftsjahr beruht, für das Jahr 01. Die Ausschüttung sowie ggf. notwendige KSt-Änderungen sind mit dem vEK zum 31.12.03 zu verrechnen, so daß das vEK des Jahres 03 verringert wird.

Nach § 28 Abs. 2 Satz 2 KStG ändet sich durch eine *andere Ausschüttung* das Eigenkapital nach Feststellung des Bestandes zum Schluß des Wirtschaftsjahres, in dem die andere Ausschüttung erfolgt (siehe hierzu auch Abschn. 78a und 80 KStR 1995).

Das bedeutet, daß Vorabausschüttungen, die für ein laufendes Wirtschaftsjahr beschlossen werden, und verdeckte Gewinnausschüttungen erst im folgenden Jahr zu einer Verminderung des vEK führen.

Beispiel B:
Im Jahr 04 wird durch eine Betriebsprüfung festgestellt, daß im Jahr 01 eine andere Ausschüttung durchgeführt wurde. Die Verrechnung der anderen Ausschüttung erfolgt im nachrichtlichen Teil der Gliederungsrechnung des Jahres 01 im Anschluß an die Ermittlung des vEK. Obwohl das Eigenkapital der Steuerbilanz tatsächlich bereits im Jahr 01 durch die andere Ausschüttung verringert wurde, vermindert die andere Ausschüttung unter Beachtung der ggf. notwendigen Körperschaftsteueränderungen das vEK erst in Periode 02, da die andere Ausschüttung mit dem vEK zu verrechnen ist, das sich zum Schluß des Jahres ergibt, in dem die Ausschüttung erfolgt.

☞ Literatur: Abschnitt 78a und 80 KStR 1995

Den Standardfällen des § 28 Abs. 2 KStG liegt die Vorstellung zugrunde, daß bei Gewinnausschüttungen, die auf einem den gesellschaftsrechtlichen Vorschriften entsprechenden Gewinnverteilungsbeschluß für ein abgelaufenes Wirtschaftsjahr beruhen, die Auszahlung der Gewinnausschüttung an die Gesellschafter im Jahr der Beschlußfassung vorgenommen wird bzw. bei anderen Ausschüttungen der Abfluß der Ausschüttung spätestens im laufenden Veranlagungszeitraum erfolgt. Im folgenden werden die gesetzlichen Bestimmungen des § 28 Abs. 2 KStG um die Regelungen bei einer verspäteten Auszahlung sowie bei dem Zusammentreffen mehrerer Ausschüttungsarten ergänzt.

5.2.3.1.2 Sonderfälle

- Der Gewinnverteilungsbeschluß erfolgt für ein abgelaufenes Wirtschaftsjahr, die Auszahlung aber erst später.

Dazu bestimmt Abschn. 77 Abs. 6 KStR 1995: Eine Gewinnausschüttung ist verwirklicht und die Ausschüttungsbelastung ist herzustellen, wenn bei der Körperschaft der Vermögensminderung entsprechende Mittel abgeflossen sind, oder eine Vermögensmehrung verhindert worden ist. Die Gewinnausschüttung ist noch nicht verwirklicht, wenn die auf einem den gesellschaftsrechtlichen Vorschriften entsprechenden Gewinnverteilungsbeschluß für ein abgelaufenes Wirtschaftsjahr beruhende Gewinnausschüttung oder die andere Ausschüttung bei der Gesellschaft lediglich als Verpflichtung gegenüber dem Anteilseigner passiviert wird. Für den Zeitpunkt der Verrechnung kommt es auf den Abfluß der Ausschüttung bei der Gesellschaft an, der i.d.R. mit der Zahlung an die Gesellschafter erfolgt. Darüber hinaus bestimmt Abschnitt 78 Abs. 2 KStR 1995: Fließt eine auf einem den gesellschaftsrechtlichen Vorschriften entsprechenden Gewinnverteilungsbeschluß beruhende Gewinnausschüttung erst in einem späteren Wirtschaftsjahr als dem des Gewinnverteilungsbeschlusses ab, so verringert sich das verwendbare Eigenkapital erst zum Schluß des Wirtschaftsjahres, in dem die Ausschüttung *abfließt*. Für diese Ausschüttung gilt aber nach § 28 Abs. 2 S. 1 KStG das verwendbare Eigenkapital in seiner Zusammensetzung zum Schluß des dem Gewinnverteilungsbeschluß vorangegangenen Wirtschaftsjahres als verwendet. Die Bestandteile des verwendbaren Eigenkapitals, die zur Finanzierung der genannten Gewinnausschüttung benötigt werden, stehen bis zum Abfließen der Gewinnausschüttung für zwischenzeitliche andere Eigenkapitalverringerungen (z.B. aufgrund weiterer Ausschüttungen oder der Verrechnung s.n.a.A.) nicht zur Verfügung, sondern sind reserviert.

Kurzbeispiel (mit Gliederungsrechnung in Abschn. 78 Abs. 2 KStR 1995):
Im Jahr 02 beschließt die A-GmbH eine Gewinnausschüttung für das Jahr 01, die auf einem den gesellschaftsrechtlichen Vorschriften entsprechenden Gewinnverteilungsbeschluß für ein abgelaufenes Wirtschaftsjahr beruht, die aber erst im Jahr 03 ausgezahlt wird. Lösung: *Normalerweise* ist diese Gewinnausschüttung mit dem letzten, dem aktuellen VZ vorangegangenen Wirtschaftsjahr zu verrechnen, hier also mit dem Jahr 01. Aber da die Auszahlung erst im Jahr 03 erfolgt, wird die Ausschüttung auch erst mit dem vEK am Ende des Jahres 02 verrechnet. Besonderheit dabei: Das vEK am Ende des Jahres 01 steht, soweit es *normalerweise aufgrund der Verwendungsfiktion* für diese Gewinnausschüttung verwendet würde, im Jahr 02 nicht für die Verrechnung weiterer Ausschüttungen oder s.n.a.A. zur Verfügung.

- Fällt die Verrechnung von Gewinnausschüttungen, die auf einem den gesellschaftsrechtlichen Vorschriften entsprechenden Gewinnverteilungsbeschluß für ein abgelaufenes Wirtschaftsjahr beruhen mit der Verrechnung von anderen Ausschüttungen zusammen, so sind beide Beträge in einer Summe mit dem vEK zu verrechnen (Abschn. 78 Abs. 3 KStR 1995).

Kurzbeispiel (ausführlicher in Abschn. 80 Abs. 2 KStR 1995):
Eine GmbH nimmt im Jahr 03 eine Gewinnausschüttung, die auf einem den gesellschaftsrechtlichen Vorschriften entsprechenden Gewinnverteilungsbeschluß für ein abgelaufenes Wirtschaftsjahr beruht, für das Jahr 01 und für das Jahr 02 vor. Außerdem wird im Jahr 03 eine andere Ausschüttung im Jahr 02 aufgedeckt. Alle drei Ausschüttungen sind mit dem vEK am Ende des Jahres 02 zu verrechnen.

Bis hierher stand die Verrechnung von Gewinnausschüttungen mit dem vEK (§ 28 KStG) im Mittelpunkt. Zu beachten ist dabei, daß gem. § 28 Abs. 6 KStG auch der Betrag, um den sich die KSt ändert (also Minderungen oder Erhöhungen), als verwendet gilt. Bei der Bestimmung des Zeitpunktes, zu dem das vEK für die offene oder die andere Gewinnausschüttung als verwendet gilt, wurde die entsprechende KSt-Änderung in der Gliederungsrechnung folglich gleichzeitig mit berücksichtigt.

Unabhängig von der Frage der zeitlichen Verrechnung mit dem vEK in der Gliederungsrechnung regelt § 27 KStG den Zeitpunkt, in dem die Körperschaftsteuer-Änderungen auf die Ermittlung des Körperschaftsteuer-Aufwands Einfluß nehmen. Dabei sind nicht die gliederungsrechnungsbezogenen zeitlichen Bestimmungen des § 28 KStG, sondern steuerbilanzielle Bestimmungen maßgeblich.

5.2.3.2 Einfluß der KSt-Änderungen auf die Ermittlung des KSt-Aufwandes im Zuge der KSt-Veranlagung

Die Körperschaftsteuer-Änderungen dürfen aufgrund des steuerbilanziellen Prinzips der periodengerechten Gewinnermittlung nicht zum selben Stichtag wie beim verwendbaren Eigenkapital verrechnet werden. Der Körperschaftsteuer-Aufwand einer Periode entspricht nicht der Tarifbelastung, sondern ist um die Körperschaftsteuer-Minderungen oder die Körperschaftsteuer-Erhöhungen zu korrigieren.

Bei einer Gewinnausschüttung, die auf einem den gesellschaftsrechtlichen Vorschriften entsprechenden Gewinnverteilungsbeschluß für ein abgelaufenes Wirtschaftsjahr beruht, ist deshalb in der Handelsbilanz und in der Steuerbilanz eine eventuelle Körperschaftsteuer-Änderung - unabhängig von ihrer Berücksichtigung beim vEK - bereits in dem Wirtschaftsjahr, für das die Gewinnausschüttung erfolgt, bei der Ermittlung des Körperschaftsteuer-Aufwandes zu beachten.

Beispiel:
Im Jahr 04 wird eine Gewinnausschüttung, die auf einem den gesellschaftsrechtlichen Vorschriften entsprechenden Gewinnverteilungsbeschluß für ein abgelaufenes Wirtschaftsjahr beruht, für das Jahr 01 in Höhe von 30.000 beschlossen.
Das zu versteuernde Einkommen 01 beträgt 100.000 und damit die Tarifbelastung 45.000. Die Ausschüttung erfolgt aus EK_{45}.

Tarifbelastung (45% v. 100.000)	45.000 DM
./. KSt-Minderung [(15/70) · 30.000]	6.429 DM
= Bilanzieller KSt-Aufwand in 01	38.571 DM Berücksichtigung in der Gliederungsrechnung aber erst im Jahr 02

Die durch *andere Ausschüttungen* bedingten KSt-Änderungen korrigieren ebenfalls abweichend von ihrer Behandlung in der Gliederungsrechnung den Körperschaftsteuer-Aufwand bereits in dem Jahr, in dem sie erfolgen.

Beispiel:
Im Jahr 04 wird durch eine Betriebsprüfung festgestellt, daß im Jahr 01 eine verdeckte Gewinnausschüttung in Höhe von 30.000 DM erfolgt ist.
Das zu versteuernde Einkommen 01 beträgt vor der Berücksichtigung der verdeckten Gewinnausschüttung 100.000 DM und damit die Tarifbelastung 45.000 DM.
Die Ausschüttung erfolgt aus EK_{45}.

Tarifbelastung nach Berücksichtigung der verdeckten Gewinnausschüttung:

[45% v. (100.000 + 30.000 (§ 8 Abs. 3 S. 2 KStG))]	58.500 DM
./. KSt-Minderung [(15/70) · 30.000]	6.429 DM
= Bilanzieller KSt-Aufwand im Jahr 01	52.071 DM

Die Änderung des KSt-Aufwands bei der Körperschaftsteuer-Veranlagung erfolgt bei Gewinnausschüttungen, die auf einem den gesellschaftsrechtlichen Vorschriften entsprechenden Gewinnverteilungsbeschluß für ein abgelaufenes Wirtschaftsjahr beruhen, und bei anderen Ausschüttungen im selben Zeitraum (in der selben Steuerbilanz).
Maßgeblich für die Berechnung der KSt-Änderungen ist dabei der Unterschiedsbetrag zwischen

- der Belastung des vEK, welches nach § 28 Abs. 3 KStG als für die Ausschüttung als verwendet gilt, und
- der Belastung, die sich hierfür bei Anwendung eines Steuersatzes von 30 v.H. des Gewinns vor Abzug der Körperschaftsteuer ergibt (Ausschüttungsbelastung).
Siehe hierzu Abschn. 77 KStR 1995 mit Beispielen.

Das KStG regelt den Zeitpunkt, zu dem die Ausschüttungen mit dem vEK zu verrechnen sind und in dem der KSt-Aufwand zu korrigieren ist, in Abhängigkeit der Zugehörigkeit der verschiedenen Ausschüttungsarten zu den beiden in § 27 und § 28 KStG unterschiedenen Gruppen von Ausschüttungen. Aus der Verrechnung von Gewinnausschüttungen und anderen Ausschüttungen in einer Summe in der Gliederungsrechnung einerseits und den voneinander abweichenden Zeiträumen andererseits, in denen die KSt-Änderungen der Ausschüttungsgruppen in der Steuerbilanz wirksam werden, ergibt sich die Notwendigkeit einer gesonderten Aufteilungsrechnung.

☞ Aufgaben A.14, A.15

Die verschiedenen Arten der Ausschüttung werden anschließend vorgestellt.

5.3 Systematik der Ausschüttungen

Das KStG verknüpft die durch das Gesellschaftsverhältnis bestimmten Vorgänge zwischen einer Kapitalgesellschaft und ihren Anteilseignern mit Rechtsfolgen, deren Kombination sich nach der Art des Vorgangs richtet.

Bei den durch das Gesellschaftsverhältnis bestimmten Vorgängen sind zunächst zum einen die Ausschüttungen und zum anderen die sonstigen Leistungen, soweit es sich um die Rückzahlung von Nennkapital handelt, gegeneinander abzugrenzen.

5.3.1 Gewinnausschüttungen und andere Ausschüttungen

Nur die Ausschüttungen werden mit dem Anrechnungsverfahren verknüpft. Deutlich wird in der nachfolgenden Übersicht, daß bei den Ausschüttungen darüber hinaus zwischen

- Ausschüttungen, die auf einem den gesellschaftsrechtlichen Vorschriften entsprechenden Gewinnverteilungsbeschluß für ein abgelaufenes Wirtschaftsjahr beruhen einerseits und
- anderen Ausschüttungen andererseits unterschieden wird.

In Abhängigkeit der Ausschüttungsart variieren die Rechtsfolgen des Anrechnungsverfahrens hinsichtlich des Zeitpunkts der Verrechnung der Ausschüttung mit dem verwendbaren Eigenkapital der Gliederungsrechnung und der Berücksichtigung der Körperschaftsteuer-Änderung bei der Körperschaftsteuer-Veranlagung.

Den Rechtsfolgen vorgelagert ist die Zuordnung der einzelnen Ausschüttungsarten - namentlich die offene Gewinnausschüttung, die Vorabausschüttung und die sonstige Leistung (soweit es sich nicht um die Ausschüttung von Nennkapital handelt) - zu den beiden Gruppen von Ausschüttungen.

Übersicht 13: Systematik und Rechtsfolgen der Vorgänge auf Basis des Gesellschaftsverhältnisses

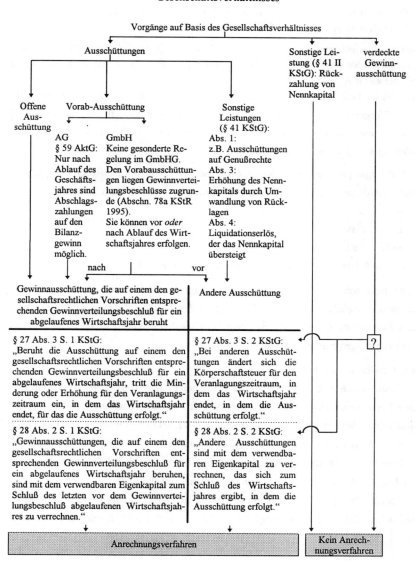

Problematisch ist die Einordnung der verdeckten Gewinnausschüttung. Obwohl die verdeckte Gewinnausschüttung den Begriff der Ausschüttung im Namen führt, ist fraglich, ob sie die Kriterien erfüllt, die ein Vorgang auf Basis des Gesellschaftsverhältnisses erfüllen muß, um als Ausschüttung bezeichnet werden zu können.

Nachdem bis jetzt zwei aus dem KStG abgeleitete Gruppen von Ausschüttungen unterschieden worden sind, soll nun der Blickwinkel auf die einzelnen Arten der Ausschüttung gerichtet werden.

Zunächst wird ein Kriterienkatalog aufgestellt, mit dessen Hilfe der Ausschüttungscharakter von Vorgängen zwischen der Gesellschaft und ihren Gesellschaftern bestimmt werden kann und eine Klassifizierung i.S. von Zuordnung zu der entsprechenden Gruppe von Ausschüttungen vorgenommen werden kann.

Ob ein Vorgang Ausschüttungscharakter hat und welche körperschaftsteuerlichen Rechtsfolgen mit dieser Ausschüttung verknüpft werden, richtet sich nach folgenden Bestimmungsfaktoren:
1. Gesellschaftsverhältnis,
2. Gewinnverteilungsbeschluß,
3. Wirtschaftsjahr, auf das sich der Gewinnverteilungsbeschluß bezieht.

Nachstehend werden zunächst die Zusammenhänge der Bestimmungsfaktoren hergestellt und dann als Ablaufschema für die Überprüfung des Ausschüttungscharakters eines Vorgangs zwischen der Gesellschaft und ihrem Gesellschafter und dessen körperschaftsteuerlichen Rechtsfolgen zusammengefaßt.

ad 1: Gesellschaftsverhältnis

Aus finanzwirtschaftlicher Sicht führt der Bestimmungsfaktor Gesellschaftsverhältnis zwischen Kapitalgesellschaft und Leistungsempfänger zur Differenzierung zwischen Fremdkapitalgeber - das Entgelt für die Überlassung von Kapital erfolgt *nicht* im Zusammenhang mit einem Gesellschaftsverhältnis - und Eigenkapitalgeber - das Entgelt erfolgt *aufgrund* des Gesellschaftsverhältnisses. Die Ausschüttung ist ein Entgelt der Gesellschaft an ihre Anteilseigner, das seine Ursache in dem Gesellschaftsverhältnis hat.

Das Entgelt ohne gesellschaftsrechtlichen Bezug an Fremdkapitalgeber (z.B. Zinsen) ist steuerlich als Betriebsausgabe abzugsfähig und für die weiteren Überlegungen irrelevant.

ad 2: Gewinnverteilungsbeschluß

Durch das BFH-Urteil zu den Vorabausschüttungen vom 27.1.1977 (BStBl. II 1977, S. 491ff.) wird nicht das gesellschaftsrechtliche Verhältnis zwischen der Gesellschaft und dem Leistungsempfänger als entscheidendes Merkmal der Ausschüttung hervorgehoben, sondern auf den Gewinnverteilungsbeschluß abgestellt. Eine Ausschüttung erfordert folglich neben dem Gesellschaftsverhältnis auch das Vorliegen eines Gewinnverteilungsbeschlusses. Ein Vorgang wird demnach nicht allein aufgrund des Gesellschaftsverhältnisses zwischen Leistendem und Leistungsempfänger zur Ausschüttung, sondern es bedarf zusätzlich eines Gewinnverteilungsbeschlusses.

Im Gegensatz zum Ausschüttungscharakter knüpfen die körperschaftsteuerlichen Rechtsfolgen nicht unmittelbar am Gewinnverteilungsbeschluß selbst an, sondern dieser muß wirksam zustande kommen, d.h. er muß den gesellschaftsrechtlichen Vorschriften entsprechen (Abschn. 77 Abs. 2 KStR 1995). Ob ein Gewinnverteilungsbeschluß gesellschaftsrechtlich wirksam zustande gekommen ist, richtet sich allein nach dem Gesellschaftsrecht.

Bei der AG erfolgt nach der Feststellung des Jahresabschlusses die Beschlußfassung über die Gewinnverwendung, die unabdingbar der Hauptversammlung zusteht. Dabei kann der Gewinnverteilungsbeschluß nichtig sein und damit nicht wirksam zustande kommen, wenn z.B. die Gewinnverteilung den festgestellten Bilanzgewinn überschreitet (§ 241 Nr. 3 AktG) oder der Jahresabschluß nichtig ist, auf dem der Gewinnverwendungsbeschluß beruht (§ 253 S. 1 AktG).

Bei der GmbH muß der Gewinnverwendungsbeschluß i.S. des § 46 Nr. 1 GmbHG wirksam zustande gekommen sein.

Entspricht der Gewinnverteilungsbeschluß den gesellschaftsrechtlichen Vorschriften, so ergeben sich die körperschaftsteuerlichen Rechtsfolgen in Abhängigkeit des bezogenen Wirtschaftsjahres.

Entspricht der Gewinnverteilungsbeschluß *nicht* den gesellschaftsrechtlichen Vorschriften, so ergeben sich die körperschaftsteuerlichen Rechtsfolgen einer „anderen Ausschüttung" aus § 27 Abs. 3 S. 2 und § 28 Abs. 2 S. 2 KStG.

ad 3: Bezogenes Wirtschaftsjahr

Hinsichtlich des bezogenen Wirtschaftsjahres wird zwischen Ausschüttungen, die sich auf ein abgelaufenes Wirtschaftsjahr beziehen - i.S. von § 27 Abs. 3 S. 1 KStG - und solchen, die sich auf ein noch nicht abgelaufenes Wirtschaftsjahr beziehen - im Sinne von § 27 Abs. 3 S. 2 KStG - unterschieden.

Die vorstehenden Überlegungen werden - als Ablaufschema geordnet - in der nachfolgenden Übersicht zusammengefaßt.

Übersicht 14: Ablaufschema zur Bestimmung des Ausschüttungscharakters eines durch das Gesellschaftsverhältnis geprägten Vorgangs

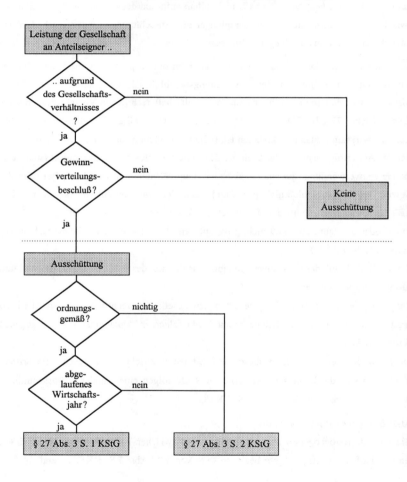

Nachdem die Kriterien für die Einordnung bestimmter Vorgänge unter den Ausschüttungsbegriff festgelegt sind, können die klassifizierten Vorgänge nun mit den körperschaftsteuerlichen Rechtsfolgen der Ausschüttung im Hinblick auf das Anrechnungsverfahren (Ausschüttungswirkung) verbunden werden. Dies ist in der Übersicht 12 dargestellt und bereits geschehen. Zusammenfassend soll aber nochmals wiederholt werden:

Ausschüttungen lösen im Wege des Anrechnungsverfahrens auf der Ebene der Kapitalgesellschaft die Verrechnung der Ausschüttung mit dem in der Gliederungsrechnung ausgewiesenen verwendbaren Eigenkapital aus. In diesem Zusammenhang steht auch die Minderung oder Erhöhung der Körperschaftsteuer gemäß § 27 Abs. 1 KStG.

Der Zeitpunkt der Verrechnung und die Körperschaftsteueränderung ist abhängig von den Merkmalen der Ausschüttung „gesellschaftsrechtlicher Gewinnverteilungsbeschluß" und „für ein abgelaufenes Wirtschaftsjahr". Das heißt:

- Beruht die Ausschüttung auf einem den gesellschaftsrechtlichen Vorschriften entsprechenden Gewinnverteilungsbeschluß für ein abgelaufenes Wirtschaftsjahr, tritt die Minderung oder Erhöhung für den Veranlagungszeitraum ein, in dem das Wirtschaftsjahr endet, für das die Ausschüttung erfolgt (§ 27 Abs. 3 S. 1 KStG). Diese Ausschüttungen sind mit dem verwendbaren Eigenkapital zum Schluß des letzten vor dem Gewinnverteilungsbeschluß abgelaufenen Wirtschaftsjahres zu verrechnen (§ 28 Abs. 2 S. 1 KStG).
- Bei anderen Ausschüttungen ändert sich die Körperschaftsteuer für den Veranlagungszeitraum, in dem das Wirtschaftsjahr endet, in dem die Ausschüttung erfolgt (§ 27 Abs. 3 S. 2 KStG). Sie sind mit dem verwendbaren Eigenkapital zu verrechnen, das sich zum Schluß des Wirtschaftsjahres ergibt, in dem die Ausschüttung erfolgt (§ 28 Abs. 2 S. 2 KStG).

Damit sind alle Ausschüttungen beschrieben und zwei Verfahren zugeordnet, die sich hinsichtlich des Zeitpunkts der Verrechnung mit dem verwendbaren Eigenkapital der Gliederungsrechnung unterscheiden.

Der vorstehende Kriterienkatalog soll nun für die verschiedenen Ausschüttungstypen durchlaufen werden um anschließend den Ausschüttungstypen die entsprechenden Rechtsfolgen der §§ 27 und 28 KStG, entsprechend der beiden Gruppen von Ausschüttungen, zuordnen zu können.

Kapitalgesellschaften haben die wirtschaftliche Aufgabe, Gewinne zu erzielen und den Gewinn ihren Gesellschaftern zukommen zu lassen, soweit er nicht für andere Zwecke verwendet wird. Dazu schüttet die Kapitalgesellschaft in der Regel die Gewinne an ihre Gesellschafter dergestalt aus, daß zunächst

- bei der GmbH die Gesellschafterversammlung den Jahresabschluß feststellt und die Verwendung des Gewinns beschließt (§§ 46 und 48 GmbHG) bzw.
- bei der AG die Hauptversammlung über die Verwendung des Bilanzgewinns entscheidet (§ 119 Abs. 1 Nr. 2 AktG) und

unmittelbar danach die Auszahlung an die Gesellschafter erfolgt.

Bei einer **offenen Gewinnausschüttung** liegt ein Gesellschaftsverhältnis zugrunde. Im Zeitpunkt der Ausschüttung ist ein den gesellschaftsrechtlichen Vorschriften entsprechender Gewinnverteilungsbeschluß der Gesellschafter wirksam *und* die Gewinnausschüttung erfolgt für ein abgelaufenes Wirtschaftsjahr.

Dieses Wirtschaftsjahr kann auch mehrere Jahre zurückliegen, beispielsweise kann im Jahr 04 eine offene Gewinnausschüttung jeweils für die Jahre 01, 02 und 03 erfolgen. Maßgeblich für die offene Gewinnausschüttung ist folglich die Ausschüttung für ein abgelaufenes Wirtschaftsjahr aufgrund eines auf den gesellschaftsrechtlichen Vorschriften beruhenden Gewinnverteilungsbeschlusses.

Offene Gewinnausschüttungen sind folglich nur eine (nicht *die*) Form der auf einem gesellschaftsrechtlichen Gewinnverteilungsbeschluß für ein abgelaufenes Wirtschaftsjahr beruhenden Ausschüttung i.S. des § 28 Abs. 2 S. 1 KStG. Oder anders formuliert: Nicht alle Gewinnverteilungsbeschlüsse für ein abgelaufenes Wirtschaftsjahr, die auf den gesellschaftsrechtlichen Vorschriften beruhen, führen auch zu offenen Gewinnausschüttungen. Der Gewinnverteilungsbeschluß durch die Hauptversammlung erfolgt - im Gegensatz zur Vorabausschüttung - *nach* der bilanziellen Gewinnfeststellung. Offene Gewinnausschüttungen, denen ein nichtiger Gewinnverwendungsbeschluß zugrunde liegt, gehören zu den anderen Gewinnausschüttungen.

Damit ist bereits der nächste hier vorzustellende Ausschüttungstyp angesprochen: Die **Vorabausschüttung**.

Bei den **Vorabausschüttungen** erfolgt eine Ausschüttung während des laufenden Geschäftsjahres oder nach Ablauf des Geschäftsjahres, aber vor der Feststellung des Jahres-

abschlusses. Dabei ist eine rechtsformspezifische Unterscheidung vorzunehmen:
a) Das GmbHG enthält keine gesonderte Regelung zu den Vorabausschüttungen. Diese können sowohl *vor als auch nach* Ablauf des Wirtschaftsjahres erfolgen. Dem steht weder § 29 noch § 30 GmbHG entgegen. Nach Abschn. 78a Abs. 1 KStR 1995 ist der Beschluß einer GmbH, den Anteilseignern *vor Ablauf* des Wirtschaftsjahres eine Vorabausschüttung auf den zu erwartenden Gewinn zu gewähren, ein Gewinnverteilungsbeschluß und löst das Anrechnungsverfahren *als* andere Ausschüttung aus. Nach Abschn. 78a Abs. 2 KStR 1995 sind *nach* Ablauf des Wirtschaftsjahres beschlossene Vorabausschüttungen mit dem verwendbaren Eigenkapital am Schluß des letzten vor dem Gewinnverteilungsbeschluß abgelaufenen Wirtschaftsjahres zu verrechnen und somit mit den gleichen körperschaftsteuerlichen Rechtsfolgen wie eine offene Gewinnausschüttung behaftet.
b) Die AG darf gemäß § 59 AktG nur nach Ablauf des Geschäftsjahres Abschlagszahlungen auf den Bilanzgewinn leisten. Damit beschränkt sich die Vorabausschüttung bei der AG auf den Zeitraum zwischen Bilanzstichtag und Hauptversammlung (*nach Ablauf des Wirtschaftsjahres*). Das Anrechnungsverfahren wird auch hier ausgelöst, die Umsetzung in der Gliederungsrechnung erfolgt wie eine offene Gewinnausschüttung.

Der Vorabausschüttung einer GmbH, bei der den Anteilseignern *vor Ablauf* des Wirtschaftsjahres eine Vorabausschüttung auf den zu erwartenden Gewinn gewährt wird, liegt ein Gewinnverteilungsbeschluß zugrunde. Sie ist damit eine Ausschüttung, die auf einem gesellschaftsrechtlich korrekten Gewinnverteilungsbeschluß beruht, allerdings ist das bezogene Wirtschaftsjahr noch nicht abgelaufen. Sie löst das Anrechnungsverfahren *als* andere Ausschüttung aus.

Mit der Erkenntnis, daß die offene Gewinnausschüttung nur eine mögliche der unter die §§ 27 Abs. 3 S. 1 und 28 Abs. 2 S. 1 KStG fallenden Ausschüttungsformen ist, bricht die in der Literatur übliche Begriffspaarbildung offen/andere zusammen. Das Pendant zu den „anderen Ausschüttungen" sind nicht die „offenen Ausschüttungen", sondern die Ausschüttungen, die auf einem ordnungsgemäßen gesellschaftsrechtlichen Gewinnverteilungsbeschluß für ein abgelaufenes Wirtschaftsjahr beruhen. In den §§ 27 und 28 KStG werden unterschiedliche realökonomische Vorgänge zu zwei Ausschüttungstypen zusammengefaßt und mit abweichenden Rechtsfolgen bei der Umsetzung des Anrechnungsverfahrens verknüpft.

§ 41 KStG, der die körperschaftsteuerliche Behandlung der „sonstigen Leistungen" regelt, beinhaltet die Sonderregelungen zur vorstehenden Systematik. Er umfaßt sowohl sonstige Leistungen, denen der Ausschüttungscharakter außerhalb des vorstehenden Kriterienkataloges zugewiesen wird - z.b. die Ausschüttungen jeder Art auf Genußrechte, mit denen das Recht auf Gewinn und Beteiligung am Liquidationserlös der Gesellschaft verbunden ist (§ 41 Abs. 1 KStG) - als auch Vorgänge, die keinen Ausschüttungscharakter haben - z.b. die Rückzahlung von Nennkapital (§ 41 Abs. 2 KStG).

Die Ausnahmen bei der Anwendung einzelner Entscheidungskriterien für die Bestimmung des Ausschüttungscharakters einer Zuwendung lassen sich wie folgt erklären:

- Sonstige Leistungen gemäß § 41 Abs. 4 KStG: Übersteigt der Liquidationserlös das Nennkapital, so ist auf den übersteigenden Betrag die Ausschüttungsbelastung herzustellen. In diesem Fall ersetzt die Liquidation den Gewinnverteilungsbeschluß. Ökonomisch betrachtet ist der Betrag, der im Wege der Liquidation das Nennkapital übersteigt, mit der periodenunabhängigen Verteilung von Gewinnen gleichzusetzen.
- Ausschüttungen jeder Art auf Genußrechte, mit denen das Recht auf Gewinn und Beteiligung am Liquidationserlös der Gesellschaft verbunden ist (§ 8 Abs. 3 S. 2 KStG): Das Genußrecht ist kein Mitgliedsrecht, sondern ein Gläubigerrecht. Es besteht kein Gesellschaftsverhältnis zwischen dem Genußrechtsinhaber und der Kapitalgesellschaft. Darüber hinaus ist die Ausschüttung für Genußrechte nicht an einen Gewinnverteilungsbeschluß gebunden. Dennoch schreibt § 41 Abs. 1 KStG die Herstellung der Ausschüttungsbelastung *wie* für eine andere Ausschüttung vor. Denn: Soweit die Genußrechtsinhaber an Gewinn und Liquidationserlös der Kapitalgesellschaft beteiligt sind, stehen sie unter wirtschaftlichen Aspekten dem Eigenkapital näher als dem Fremdkapital. Der Bezug zu einem Gewinnverteilungsbeschluß ergibt sich mittelbar daraus, daß sich die Verzinsung dieser Genußrechte meistens an dem Gewinnanteil der Aktionäre orientiert. Der Gewinnanteil der Aktionäre bildet den Maßstab und legt daher auch die Gewinnverwendung für die „Verzinsung" der Genußrechte fest.

Nur wenn die „Sonstigen Leistungen" Ausschüttungscharakter haben, führen sie bei der Kapitalgesellschaft gemäß § 41 Abs. 1 i.V.m. § 27 KStG zur Herstellung der Ausschüttungsbelastung.

Nun stellt sich die Frage nach der Einordnung der **verdeckten Gewinnausschüttung**. Die übliche Literatur begründet die Umdeutung der verdeckten Gewinnausschüttung in einen Ausschüttungsvorgang mit dem Gesellschaftsverhältnis (causa societatis). Sie greift damit einen einzelnen Bestimmungsfaktor heraus und deutet darauf aufbauend die verdeckte Gewinnausschüttung in einen Ausschüttungsvorgang um. Diese, aus Sicht der eben gezeigten Systematik der Ausschüttungen, unsystematische Vorgehensweise führt letztlich zur Anwendung des Anrechnungsverfahrens. Was unter einer verdeckten Gewinnausschüttung zu verstehen ist, wird im folgenden Kapitel thematisiert.

Erste Zusammenfassung:

Liegt den Vorgängen zwischen der Kapitalgesellschaft und ihren Gesellschaftern ein Gewinnverteilungsbeschluß zugrunde, so haben sie Ausschüttungscharakter und lösen das Anrechnungsverfahren aus. Ausschüttungen können offene Gewinnausschüttungen, Vorabausschüttungen oder sonstige Leistungen sein. Die Verrechnung der Ausschüttung mit dem verwendbaren Eigenkapital erfolgt zu unterschiedlichen Zeitpunkten, die von der Ordnungsmäßigkeit des Gewinnverteilungsbeschlusses und vom bezogenen Wirtschaftsjahr abhängen.

Soweit die Vorgänge keine Ausschüttungen sind, unterbleibt die Herstellung der Ausschüttungsbelastung.

5.3.2 Die verdeckte Gewinnausschüttung

Die Problemstellung: Sinn und Zweck einer Kapitalgesellschaft ist es, Gewinne zu erzielen und diese an ihre Gesellschafter auszuschütten. Im Normalfall werden Gewinne offen, entsprechend der zuvor genannten Kriterien, ausgeschüttet. Eine solche offene Gewinnausschüttung stellt Einkommensverwendung dar. Deshalb ordnet § 8 Abs. 3 S. 1 KStG an, daß es für die Ermittlung des Einkommens ohne Bedeutung ist, ob das Einkommen verteilt wird. Gewinnausschüttungen dürfen das Einkommen nicht mindern.

Bei Einzelunternehmen und Personengesellschaften ist die Abgrenzung von privat und betrieblich veranlaßten Aufwendungen eine wichtige Frage der Gewinnermittlung. Wir kennen dies beispielsweise aus der Diskussion, in welchem Umfang das Firmenfahrzeug für Fahrten zu privaten Zwecken genutzt wird.

Obwohl Kapitalgesellschaften keine Privatsphäre haben, geht es im Grunde um das gleiche: Das Einkommen darf im Hinblick auf das Gesellschaftsverhältnis nicht durch Vorgänge gemindert werden, die einen Gesellschafter betreffen. Zwischen der Kapitalgesellschaft, die eine eigene Rechtspersönlichkeit hat, und dem Gesellschafter sind grundsätzlich Rechtsbeziehungen mit bürgerlich-rechtlicher und steuerlicher Wirksamkeit möglich. Aus diesen Rechtsbeziehungen dürfen jedoch keine Wirkungen resultieren, die das *Einkommen* der Gesellschaft *„mehr als normal"* mindern.

Was heißt (1) „das Einkommen mindern" und was meint (2) „mehr als normal"?

(1) Vorgänge, die mit der steuerlichen Bezeichnung „vGA" versehen werden, sind Entgelt-Differenzen in zweiseitigen Rechtsgeschäften zwischen der Gesellschaft und ihren Anteilseignern bzw. einer dem Anteilseigner nahestehenden Person. Dabei handelt es sich bei Absatzgeschäften um von der Gesellschaft vom Gesellschafter erhaltene zu niedrige Vergütungen und bei Beschaffungsgeschäften um von der Gesellschaft an den Gesellschafter gezahlte zu hohe Vergütungen. In beiden Fällen kommt es bei dem Gesellschafter zu einem Vorteil zu Lasten der Gesellschaft. Soweit sich der Vorteil zu Lasten des Einkommens der Gesellschaft auswirkt, muß dieses aufgrund der Hinzurechnungsvorschrift des § 8 Abs. 3 S.2 KStG außerbilanziell korrigiert werden. Das heißt: Der vGA-Betrag darf wie Ausschüttungen das Einkommen nicht mindern. Nochmals: Hat sich der Vorgang, der mit „vGA" bezeichnet wird, zu Lasten der Gesellschaft erfolgswirksam durch die Verbuchung von zu hohem Aufwand oder zu niedrigem Ertrag ausgewirkt, so ist dieser Betrag dem Einkommen bei der Ermittlung des zu versteuernden Einkommens hinzuzurechnen.

(2) Grundsätzlich können Rechtsbeziehungen zwischen der Kapitalgesellschaft und ihren Gesellschaftern bestehen und diese dürfen auch im Ergebnis bei der Gesellschaft erfolgswirksam sein. Beispiel: Die Gesellschaft zahlt ihrem Gesellschafter-Geschäftsführer ein angemessenes Gehalt. Das Gehalt ist Aufwand bei der Gesellschaft und wirkt sich erfolgsmindernd aus. „Mehr als normal" stellt deshalb darauf ab, daß der Vorteilsempfänger den Vorteil aufgrund des Gesellschaftsverhältnisses erhält. Die Gesellschaft hätte einem fremden Dritten, einem Nicht-Gesellschafter also, diesen Vorteil nicht gewährt. Beispiel: Die Gesellschaft zahlt dem Gesellschafter-Geschäftsführer ein Gehalt, welches das marktübliche Gehalt um 50% übersteigt.

Warum darf ein solcher Vorgang das Einkommen der Gesellschaft nicht mindern?

1. Die Kapitalgesellschaft ist ein eigenständiges Rechtssubjekt. Aufgrund des zivilrechtlichen Trennungsprinzips sind die Ebenen der Kapitalgesellschaft und der Anteilseigner strikt voneinander zu trennen. Dies schützt beispielsweise die Gläubiger.

2. Aus steuerlicher Sicht soll mit der Erfassung der vGA auf der Ebene der Gesellschaft die Quellenbesteuerung gewährleistet werden. Die KSt ist eine Quellensteuer der ESt. Dadurch wird die Steuersicherung gewährleistet. Denn: Auch für die vGA ist die Ausschüttungsbelastung herzustellen. Ist der vGA-Empfänger Ausländer, so sichert sich der deutsche Fiskus eine Besteuerung der vGA in Höhe der Ausschüttungsbelastung (30%) plus der Kapitalertragsteuer in Höhe 25% der Bar-Dividende (17,5).

3. Da die Gewerbesteuer am körperschaftsteuerlichen Einkommen anknüpft, könnte über die vGA nicht nur KSt, sondern auch Gewerbesteuer vermieden werden.

Aus den Aspekten 1. bis 3. ergibt sich daher die Forderung, daß das Einkommen auf der Ebene der Gesellschaft richtig zu ermitteln ist und daß die Rechtsbeziehungen zwischen der Kapitalgesellschaft und ihren Anteilseignern das Einkommen nur in marktüblichem Umfang mindern dürfen.

Zusammenfassung der vGA-Kriterien:

Die vGA ist eine Entgelt-Differenz in einem zweiseitigen Rechtsgeschäft zwischen der Kapitalgesellschaft und ihren Anteilseignern oder den Anteilseignern nahestehenden Personen (z.B. Ehegatte, vgl. Abschn. 31 Abs. 7 KStR 1995). Die vGA ist erfolgswirksam zu Lasten der Gesellschaft und zum Vorteil des Gesellschafters und wäre einem fremden Dritten nicht gewährt worden.

Die Literatur ergänzt um die Vermögensminderung/verhinderte Vermögensmehrung, weil sie den mit vGA bezeichneten Vorgang in einen Eigenkapitalvorgang umdeutet, um mit dem Anrechnungsverfahren verbinden zu können. Maßgeblich ist aber das zu geringe Einkommen, nicht aber der Vermögensaspekt.

Der vGA-Vorgang hat sowohl einen Erfolgsaspekt als auch einen Vermögensaspekt:
Der zu geringe Ertrag/der zu hohe Aufwand einerseits und die Auszahlung/fehlende Einzahlung andererseits. Diese beiden Aspekte sind durch die Rechtsfolgen der vGA zu korrigieren.

5.3.2.1 Rechtsfolgen der vGA

Dem *Erfolgsaspekt* der vGA ist durch eine außerbilanzielle Hinzurechnung i.S. des § 8 Abs. 3 S. 2 KStG Rechnung zu tragen (Siehe hierzu das Einkommens-Ermittlungs-Schema). Die Hinzurechnung erfolgt außerbilanziell. Hätte der Gesetzgeber eine steuerbilanzielle Korrektur gewünscht, so hätte er im Gesetz eine Gewinnkorrektur und nicht eine Einkommenskorrektur verankern müssen.

Wie ist dem *Vermögensaspekt* infolge der Auszahlung/fehlenden Einzahlung der vGA zu entsprechen?

Nachdem der vGA-Vorgang als Entgelt-Differenz beschrieben wurde, ist nun fraglich, ob das Anrechnungsverfahren ausgelöst werden soll. Das Anrechnungsverfahren ist Ausschüttungen/Eigenkapitalvorgängen vorbehalten. Daher bedarf es der Überprüfung, ob die Anwendung hier gerechtfertigt ist:

Die *Gemeinsamkeit* zwischen einer Entgelt-Differenz und einer Ausschüttung beschränkt sich auf die Existenz eines Gesellschaftsverhältnisses.

Dagegen bestehen zwischen einer Entgelt-Differenz und einer Ausschüttung gravierende *Unterschiede*:

1. Das Gesellschaftsverhältnis muß nicht unbedingt Ursache der Entgelt-Differenz sein. Beispiel: In einem zweiseitigen Rechtsgeschäft vereinbart eine GmbH mit einem Anteilseigner ein aus ihrer Sicht angemessenes Entgelt, welches aber *später* bei der Betriebsprüfung nicht anerkannt wird. Da im Zeitpunkt des Abschlusses des Rechtsgeschäftes den Vertragspartnern das Vorliegen einer Entgelt-Differenz nicht bewußt war, kann das Gesellschaftsverhältnis auch nicht die Ursache hierfür sein.
2. Die Entgelt-Differenz hat mit dem Ausschütten von Gewinn nichts zu tun. Gewinn ist die Erfolgsgröße im Jahresabschluß, die Entgelt-Differenz ist dieser Größe vorgelagert.
3. Die Entgelt-Differenz ist keine Ausschüttung, da ihr kein den gesellschaftsrechtlichen Vorschriften entsprechender Gewinnverteilungsbeschluß zugrunde liegt. Die vGA ist kein Eigenkapitalvorgang (Siehe auch den Kriterienkatalog in Zusammenhang mit der Systematik der Ausschüttungen, Übersicht 14).

Damit ist klar: Die vGA als Entgelt-Differenz ist keine Gewinnausschüttung; fraglich ist nur, ob sie trotz der Unterschiede gleich behandelt werden soll mit der Folge der Auslösung des Anrechnungsverfahrens oder welche anderen Rechtsfolgen ausgelöst werden sollen. Trotz der Unterschiede wird der vGA-Betrag sowohl in der Rechtsprechung als auch in der Literatur mit dem Anrechnungsverfahren verbunden. Dies ist nicht einsichtig, soll aber aufgrund des Addressatenkreises der vorliegenden Veröffentlichung als Datum akzeptiert werden.

Daher ergeben sich bei einer Kapitalgesellschaft folgende Rechtsfolgen einer vGA:

1. Durch die vGA ist das Einkommen zu niedrig ausgewiesen worden. Deshalb ist eine Korrektur des Einkommens gem. § 8 Abs. 3 S. 2 KStG erforderlich.

(Einkommenswirkung der vGA)

Die Rechtsfolge des § 8 Abs. 3 S. 2 KStG erschöpft sich in einer Gewinnkorrektur außerhalb der Steuerbilanz.

2. Literatur und Rechtsprechung verlangen anschließend die Herstellung der Ausschüttungsbelastung, d.h. eine Behandlung der vGA als andere Ausschüttung. Die Behandlung „*als*" andere Ausschüttung ist falsch, wie zuvor am Kriterienkatalog aufgezeigt. Die Behandlung „*wie*" eine andere Ausschüttung wird wegen der hier angestrebten Praxisnähe akzeptiert.

(Ausschüttungswirkung der vGA)

Allerdings sei noch auf eine Besonderheit hingewiesen werden:
Gemäß Abschnitt 80 Abs. 1 KStR 1995 ist die Ausschüttungsbelastung im Sinne des § 27 Abs. 1 KStG nur herzustellen und verringert sich das verwendbare Eigenkapital nur dann, wenn bei der Körperschaft Mittel abgeflossen sind oder ein Zufluß verhindert worden ist.

Beispiel:
Einem Gesellschafter-Geschäftsführer wird eine unangemessen hohe Pensionszusage erteilt, die nicht zur Auszahlung gelangt, weil der Gesellschafter-Geschäftsführer vorzeitig stirbt. Trotz der Einkommenskorrektur nach § 8 Abs. 3 S. 2 KStG kommt es nicht zur Herstellung der Ausschüttungsbelastung und nicht zur Verringerung des verwendbaren Eigenkapitals, da der Vermögensabfluß bei der Kapitalgesellschaft nicht verwirklicht wird.

☞ Zu den Rechtsfolgen bei der Kapitalgesellschaft → Aufgabe A.13

3. Neben den Rechtsfolgen, die sich unmittelbar bei der Kapitalgesellschaft ergeben, ist die Besteuerung der vGA beim Anteilseigner, dem der Vorteil zugute kommt, zu beachten. Beim vGA-Empfänger wird der vGA-Betrag entweder als „Einkunft aus Kapitalvermögen" im Sinne des § 20 Abs. 1 Nr. 1 EStG erfaßt oder in einer der Einkunftsarten des § 2 Nr. 1 bis 3 bzw. Nr. 6 EStG. Das bedeutet: Nur wenn die vGA in einer der Einkunftsarten aus Land- und Forstwirtschaft, Gewerbebetrieb, selbständige Arbeit oder Vermietung und Verpachtung anfällt, hält § 20 Abs. 3 EStG die vGA - unterschiedslos zu einer offenen Gewinnausschüttung - in ihrer Eingangseinkunftsart fest. Geht die vGA in einer anderen Einkunftsart ein, so erfolgt eine Umwidmung in „Einkünfte aus Kapitalvermögen". Zwischen der Zuordnung einer *offenen* Gewinnausschüttung zu einer Einkunftsart und der Zuordnung einer *verdeckten* Gewinnausschüttung zu einer Einkunftsart besteht ein wesentlicher Unterschied: Die Ankunft und der Verbleib in einer Einkunftsart ist bei einer offenen Gewinnausschüttung von der Vermögenseigenschaft - Betriebsvermögen oder Privatvermögen - der Beteiligung abhängig, die Ankunft einer verdeckten Gewinnausschüttung hingegen von der Einkunftsart ihres Auftretens.

In zweifacher Hinsicht kurios ist die Behandlung des mit dem vGA-Betrag verbundenen Anrechnungsguthabens beim Anteilseigner.

1. Der vGA-Betrag wird als Bar-Dividende fingiert, so daß der Anteilseigner zusätzlich zum vGA-Betrag (70) den Vorteil eines Anrechnungsguthabens in Höhe von 30/70 des vGA-Betrages erhält. Aufgrund der Anwendung des Anrechnungsverfahrens auf die Entgelt-Differenz in zweiseitigen Rechtsgeschäften zwischen der Kapitalgesellschaft und ihren Anteilseignern wird aus einer Entgelt-Differenz in Höhe von 100 DM zu Lasten der Gesellschaft - und damit der Gläubiger und den nicht-vGA-empfangenden Anteilseignern - ein Vorteil beim vGA-Empfänger/Nachteil bei der Gesellschaft in Höhe von 142,85 DM (100 DM + 30/70 Anrechnungsguthaben).

2. Das mit dem vGA-Betrag verbundene Anrechnungsguthaben gehört nach § 20 Abs. 1 Nr. 3 EStG stets zu den Einkünften aus Kapitalvermögen. Daraus folgt: Ist die Entgelt-Differenz z.B. im Bereich der Einkunftsart Vermietung und Verpachtung aufgetreten, so verbleibt sie als vGA-Betrag gem. § 20 Abs. 3 EStG in dieser Einkunftsart, während das mit dem vGA-Betrag einhergehende Anrechnungsguthaben gem. § 20 Abs. 1 Nr. 3 EStG bei den Einkünften aus Kapitalvermögen erfaßt wird.

☞ Zu den Rechtsfolgen beim vGA-Empfänger → Aufgabe A.14

5.3.2.2 Formen der verdeckten Gewinnausschüttung

Im Beschluß vom 6.6.1994 hat der BFH (BFH/NV 1995, S. 441) nochmals den Grundsatz herausgestellt, daß Leistungen (Entgelt-Differenzen zu Lasten) einer Kapitalgesellschaft an den beherrschenden Gesellschafter-Geschäftsführer nur dann als Betriebsausgaben abziehbar sind, wenn sie auf im voraus getroffenen klaren und eindeutigen Vereinbarungen beruhen.

1. Kaufverträge:
Ein jegliches Gut kann Gegenstand eines Kaufvertrages zwischen der Kapitalgesellschaft und ihrem Anteilseigner sein. Derartige Kaufverträge sind steuerlich wirksam, sofern die vereinbarten Entgelte angemessen sind, d.h. dem Fremdvergleich standhalten. Ist dagegen beim Verkauf eines Wirtschaftsgutes an den Gesellschafter der Preis zu niedrig oder beim Kauf eines Wirtschaftsgutes vom Gesellschafter zu hoch, so liegt in Höhe des vGA-Betrages, der die Angemessenheit übersteigt oder unterschreitet, also in Höhe der Entgelt-Differenz, eine „verdeckte Gewinnausschüttung" vor. Dieser Betrag wird als Bar-Dividende fingiert und löst als solche u.a. das Anrechnungsverfahren aus.

2. Dienstverträge (Tätigkeitsvergütungen):
Zwischen einer Kapitalgesellschaft und ihren Gesellschaftern werden oft Dienstverträge abgeschlossen. Es kann z.B. der Gesellschafter einer GmbH gleichzeitig Geschäftsführer sein. In solchen Fällen kommt es darauf an, welche Gesamtvergütung der Gesellschafter-Geschäftsführer für seine Tätigkeit erhält. Die Rechtsfolgen einer vGA greifen auch hier nur für den unangemessenen Bestandteil des Rechtsgeschäfts. Dabei kommen insgesamt drei unterschiedliche Tätigkeitsvergütungen in Betracht:
a) das Gesellschafter-Geschäftsführer-Gehalt (Abschn. 31 Abs. 3 S. 8 Nr. 1, 2 KStR 1995),
b) die Tantieme (Abschn. 33 KStR 1995) und
c) die Pensionszusage (Abschn. 32 KStR 1995)

Wie der **Wert der vGA** durch das Betriebsfinanzamt bestimmt wird, soll am Beispiel des Gesellschafter-Geschäftsführer-Gehalts aufgezeigt werden.
Aufgrund des BFH-Urteils vom 5.10.1994 (BStBL. II 1995, S. 549) werden in den KStR 1995 erstmals Maßstäbe für die Beurteilung der Angemessenheit von Gesellschafter-Geschäftsführer-Gehältern genannt. Für die Beurteilung können sowohl betriebsinterne als auch betriebsexterne Vergleichsmaßstäbe herangezogen werden.
Betriebsinterne Vergleichsmaßstäbe sind beispielsweise die Art und der Umfang der Tätigkeit, die künftigen Ertragsaussichten des Unternehmens, das Verhältnis des Geschäftsführergehalts zum Gesamtgewinn und zur verbleibenden Kapitalverzinsung.
Betriebsexterne Vergleichsmaßstäbe sind beispielsweise die Art und die Höhe der Vergütungen, die gleichartige Betriebe ihren Geschäftsführern für entsprechende Leistungen gewähren.
Zur Frage, ob die betriebsinternen oder betriebsexternen Vergleichsmaßstäbe ausschlaggebend sind, enthalten die KStR 1995 keine Aussage. Es gehört jedoch zu den von dem Finanzamt zu treffenden Sachverhaltsfeststellungen, welchen Kriterien im Einzelfall Vorrang einzuräumen ist. Mit Einschränkung ist eine Angemessenheitsprüfung stets nach beiden Kriterien vorzunehmen, wobei zur Vermeidung einer vGA beide Maßstäbe jeweils nicht überschritten werden dürfen.
Bei der Überprüfung der Angemessenheit der Gesamtbezüge des Gesellschafter-Geschäftsführers ist nicht nur *ein* Vergütungsaspekt, sondern die Gesamtvergütung, die sich aus Gehalt, Tantieme und Pension zusammensetzt, in die Beurteilung einzubeziehen.

3. Darlehensverträge
Anhaltspunkt für die jeweils angemessene Zinskondition ist die Marktsituation. Hierauf haben z.B. der Diskontsatz der Deutschen Bundesbank, der Lombardsatz, der Spareck-

zins, die Zinsen bei der Ausgabe öffentlicher Anleihen mitentscheidenden Einfluß. Neben der Marktsituation sind natürlich die individuelle Laufzeit, die Tilgungsbedingungen, der Zweck und die Sicherung eines Kredits bei der Abwägung der Angemessenheit der Konditionen zu prüfen.

4. Andere Verträge oder Rechtsbeziehungen

Eine vGA liegt immer dann vor, wenn sich Leistung und Gegenleistung zum Vorteil des Gesellschafters nicht angemessen gegenüberstehen.

5. Gesellschafter-Fremdfinanzierung

Wenn nicht zur Anrechnung von Körperschaftsteuer berechtigte Ausländer an einer deutschen Kapitalgesellschaft beteiligt sind, sollen die auf sie entfallenden Gewinne mit der Ausschüttungsbelastung besteuert werden. In der Vergangenheit wurde seitens der Steuerpflichtigen versucht, diese Regelung zu umgehen. Dazu statteten die ausländischen Anteilseigner die deutsche Kapitalgesellschaft mit Fremdkapital statt mit Eigenkapital aus, weil die auf das Fremdkapital entfallenden (angemessenen) Vergütungen nicht der deutschen Körperschaft- und damit der Ertragbesteuerung unterlagen. Es war fraglich, ob ungewöhnlich hohe, von den ausländischen Anteilseignern gewährte Darlehen zum Teil in Eigenkapital umqualifiziert und damit ein Teil der Vergütungen in eine vGA umqualifiziert werden konnten. Damit stellte sich hier nicht das Problem der laufenden unangemessen hohen Vergütung der Gesellschaft für das Darlehen, also des zu hohen Zinses, sondern ob die Struktur der Passivseite unangemessen ist und die Zinsen, soweit sie auf den unangemessenen Teil entfallen, in das verdeckte Ausschütten von Gewinn umqualifiziert werden können.

Um einen unbesteuerten Abfluß ins Ausland bei extrem hoher Fremdfinanzierung durch ausländische Anteilseigner vermeiden zu können, wurde mit § 8a KStG eine gesetzliche Regelung getroffen. Danach können Vergütungen für Fremdkapital an nicht zur Anrechnung berechtigte Anteilseigner *bei wesentlicher Beteiligung* insoweit in verdeckte Gewinnausschüttungen umqualifizert werden, als gewisse Verhältnisse von Fremdkapital zum anteiligen Eigenkapital überschritten werden. Es gelten folgende Verhältnisse:

a) Bei nicht in einem Bruchteil des Kapitals bemessenen gewinn- oder umsatz*ab*hängigen Vergütungen EK 1 : 0,5 FK, d.h. eine Umqualifizierung der Zinszahlungen in eine vGA findet statt soweit sich die Zinsen auf anteilige FK-Bestandteile beziehen, die das Eigenkapital um mehr als 50% übersteigen.

Beispiel: Eine GmbH hat von einem Nichtanrechnungsberechtigten Anteilseigner, der an ihr zu 60% beteiligt ist, ein Darlehen in Höhe von 200.000 DM erhalten. Der Anteilseigner erhält eine (angemessene) Vergütung in Höhe von 40% vom Gewinn, entsprechend 60.000 DM. Das anteilige Eigenkapital des Anteilseigners i.S. des § 8a Abs.

2 KStG beträgt 200.000 DM. Da das Darlehen (200.000) die Hälfte des anteiligen Eigenkapitals gem. § 8a Abs. 1 Nr. 1 KStG übersteigt (Hälfte von 200.000 EK ist 100.000, das Darlehen beträgt aber 200.000, also Verhältnis EK : FK = 1 : 2), muß auch der Zins aufgeteilt werden. Hier: 50% der Zinszahlung = 30.000 DM werden in eine vGA umqualifiziert und lösen das Anrechnungsverfahren aus.

b) Bei in einem Bruchteil des Kapitals bemessenen gewinn- und umsatz*un*abhängigen Vergütungen darf das Verhältnis von Eigenkapital zu Fremdkapital den Wert EK 1 : 3 FK nicht übersteigen. D.h. eine Umqualifizierung der Zinszahlungen in eine vGA findet statt, soweit sich die Zinsen auf anteilige FK-Bestandteile beziehen, die das Eigenkapital um mehr als das dreifache übersteigen.

5.3.2.3 Rückabwicklung der verdeckten Gewinnausschüttung

Bezüglich der Rückabwicklung der vGA können zwei diametral gegenüberstehende Positionen vertreten werden:

1. Gleicht der Anteilseigner die Entgelt-Differenz aus, oder in der Sprache der Literatur: Gewährt der vGA-Empfänger die vGA an die Gesellschaft zurück, so wird dem Sachverhalt, welcher der vGA zugrunde liegt, ein weiteres Merkmal hinzugefügt, so daß der Tatbestand nicht erfüllt wird und keine gesonderten Rechtsfolgen greifen müssen. Voraussetzung hierfür ist eine erfolgswirksame Aktivierung des Anspruchs bei der Gesellschaft, so daß das entscheidende Merkmal der vGA, das zu niedrige Einkommen, nicht realisiert wird.

2. Gegner dieser Meinung behaupten, die Rückabwicklung/der Ausgleich sei der actus contrarius zu den Rechtsfolgen und verlangen deshalb, daß die Rückgewähr wie eine erfolgsneutrale Einlage bei der Gesellschaft zu verbuchen ist (sogenannte Einlagelösung). Denn: Wenn die vGA das Einkommen nicht mindern darf, dann darf auch die Rückgewähr als contrarius actus das Einkommen nicht erhöhen (siehe das BFH-Urteil vom 27.4.1987, I R 176/83, BStBl. 1987, S. 733 (735)). Diese Meinung 2. stimmt mit der Rechtsprechungslage überein und führt bei Rückgewähr in der Gliederungsrechnung zu einem Zugang in EK$_{04}$.

Das Finanzgericht München hat in seinem Urteil vom 26.10.1993 (K 2833/92, EFG 1994, S. 411-413) die Meinung 2 aufgegriffen und die Argumente neu überdacht. Das Finanzgericht hat seine Überlegungen an zwei Anknüpfungspunkten festgemacht:

Zum einen wird der Einlagecharakter der Rückgewähr in Frage gestellt und letztlich der Einlagelösung eine Absage erteilt. Die Begründung: Einlagen in Kapitalgesellschaften werden als Zufuhr von Vermögenswerten an die Kapitalgesellschaft angesehen, für die das Gesellschaftsverhältnis ursächlich ist. Die Pflicht zur Rückgewähr einer vGA ist zwar gesellschaftsrechtlich verankert, aber in ihrer Natur ein schuldvertraglicher Herausgabeanspruch. Da schuldrechtliche Rückgewähransprüche nicht die Mehrung des Gesellschaftsvermögen zum Ziel haben, ist die Rückgewähr der vGA an die Gesellschaft auch keine Einlage.

Zum anderen gibt das Finanzgericht zu bedenken, daß der contrarius actus nicht darin besteht, daß das Einkommen, das durch die vGA nicht gemindert werden durfte, nun auch nicht durch die Rückgewähr erhöht werden darf, sondern daß der contrarius actus in Zusammenhang mit der außerbilanziellen Hinzurechnung zu sehen ist. Das heißt: Die Überlegung, daß die Rückgewähr/der Ausgleich keine Einlage ist, führt zu dessen/deren erfolgswirksamen Behandlung. Da dieser Erfolgswirksamkeit (der höhere Ertrag, der niedrigere Aufwand) bereits durch die außerbilanzielle Hinzurechnung im Jahr der vGA Rechnung getragen würde, ist die Rückgewähr durch eine außerbilanzielle Kürzung des Einkommens zu berücksichtigen. Die außerbilanzielle Kürzung ist der contrarius actus zur außerbilanziellen Hinzurechnung. Diese Auffassung ist jedoch in der Literatur mit wenigen Ausnahmen bisher unbeachtet geblieben.

5.4 Verrechnung der bei der Einkommensermittlung nichtabziehbaren Aufwendungen

5.4.1 Behandlung der abgeführten nichtabziehbaren Aufwendungen

In Zusammenhang mit der Ermittlung des zu versteuernden Einkommens sind die nichtabziehbaren Aufwendungen (n.a. Aufwendungen) gem. § 10 KStG dem bilanziellen Gewinn oder der Summe aus den Einkunftsarten hinzuzurechnen. Diese Hinzurechnung ist erforderlich, weil die n.a. Aufwendungen zuvor durch die aufwandswirksame Zahlung oder den entsprechenden Ausweis einer Verbindlichkeit oder Rückstellung den steuerbilanziellen Gewinn vermindert haben.

Andererseits ist aber zu bedenken, daß, obgleich die n.a. Aufwendungen das Einkommen nicht mindern dürfen, in ihrer Höhe kein für Ausschüttungen verwendbares Eigenkapital zur Verfügung steht. Deshalb ist bei der Fortschreibung des verwendbaren Eigenkapitals sicherzustellen, daß die n.a. Aufwendungen nicht das in der Gliederungsrechnung ausgewiesene, für die Verrechnung von Ausschüttungen verwendbare Eigenkapital am Schluß eines Jahres erhöhen. Ob dazu ein besonderer Abzug der n.a. Aufwendungen von bestimmten Teilbeträgen des verwendbaren Eigenkapitals notwendig ist oder die n.a. Aufwendungen bereits bei der Ermittlung des - direkten oder indirekten - Zugangs zu den einzelnen Teilbeträgen Berücksichtigung finden, ist von der Art der n.a. Aufwendungen abhängig. Die folgende Übersicht 15 verknüpft die Art der n.a. Aufwendungen mit der Vorschrift des § 31 KStG, der regelt, welche Teilbeträge der Gliederung des verwendbaren Eigenkapitals für die Verrechnung der n.a. Aufwendungen herangezogen werden. Die bei der Einkommensermittlung nichtabziehbaren Aufwendungen (§ 10 KStG) werden hinsichtlich der Zuordnung ihres Abzugs von einem Teilbetrag des verwendbaren Eigenkapitals (§ 31 KStG) als nichtabziehbare Ausgabe bezeichnet.

Übersicht 15: Die nichtabziehbaren Aufwendungen

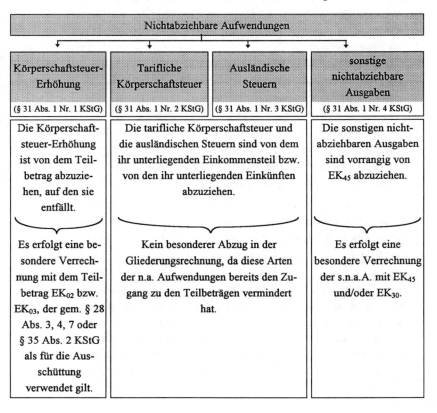

Die vorstehende Übersicht zeigt die vier Arten von n.a. Aufwendungen. In Zusammenhang mit der Berücksichtigung der n.a. Aufwendungen bei der Fortschreibung der Gliederungsrechnung bereiten die tarifliche Körperschaftsteuer (§ 31 Abs. 1 Nr. 2 KStG) sowie die ausländischen Steuern (§ 31 Abs. 1 Nr. 3 KStG) keine Probleme, da diese n.a. Aufwendungen die Einkommensteile gemindert haben, bevor diese als Zugang im vEK erfaßt wurden.

Beispiel: Die tarifliche Körperschaftsteuer gem. § 23 Abs. 1 KStG wird von dem zu versteuernden Einkommen abgezogen. Erst der sich daraus ergebende Saldo ist der Zugang in EK_{45}. Damit ist eine besondere „Korrektur" des verwendbaren Eigenkapitals überflüssig.

Auch die Körperschaftsteuer-Erhöhung (§ 31 Abs. 1 Nr. 1 KStG) ist problemlos. Sie tritt bei der Verrechnung von Ausschüttungen mit den Teilbeträgen EK_{02} oder EK_{03} auf und gilt zusammen mit der Bar-Dividende (§ 28 Abs. 6 KStG) als für die Ausschüttung verwendet. Die Körperschaftsteuer-Erhöhung wird im nachrichtlichen Teil der Gliederungsrechnung zusammen mit der Bar-Dividende von dem Teilbetrag in Abzug gebracht, der als für die Ausschüttung verwendet gilt.

Von besonderer Bedeutung für die Gliederungsrechnung sind hingegen die **sonstigen nichtabziehbaren Ausgaben** des § 31 Abs. 1 Nr. 4 KStG, da diese stets zu einer eigenständigen, besonderen Verrechnung in der Gliederung des vEK führen.

Zu den sonstigen nichtabziehbaren Ausgaben gehören insbesondere
- die nichtabziehbaren Personensteuern (§ 10 Nr. 2 KStG), z.B. die Vermögensteuer,
- die Hälfte der Aufsichtsratsvergütungen (§ 10 Nr. 4 KStG),
- die nicht abzugsfähigen Betriebsausgaben (§ 4 Abs. 5 EStG), sowie
- die Spenden, soweit sie nicht abzugsfähig sind.

Nicht zu den **sonstigen nichtabziehbaren Ausgaben** zählen hingegen die Ausgaben nach § 3c EStG. Diese werden vielmehr bei der Ermittlung der steuerfreien Vermögensmehrungen, also EK_{02}, berücksichtigt (siehe Abschn. 85 Abs. 3 Nr. 1 KStR 1995).

Die Verrechnung der sonstigen nichtabziehbaren Ausgaben (s.n.a.A.) vollzieht sich in maximal drei Schritten::

1. Zunächst sind die s.n.a.A. gem. § 31 Abs. 1 Nr. 4 KStG mit dem EK_{45} zu verrechnen. Diese Vorschrift bezieht sich nicht nur auf den Einkommensteil des laufenden Veranlagungszeitraumes, in dem die Ausgaben angefallen sind, sondern auf die Gesamtheit des Teilbetrages, also auch auf die in den vorangegangenen Veranlagungszeiträumen eingestellten Beträge. Folglich ist der Abzug der s.n.a.A. in der Gliederungsrechnung dem aus der Nichtabziehbarkeit resultierenden höheren Zugang zum vEK nachgelagert.

2. Reicht der Bestand an EK_{45} für eine Verrechnung jedoch nicht aus, so darf auf EK_{30} zurückgegriffen werden. Eine Verrechnung mit unbelastetem Eigenkapital ist nicht erlaubt.
3. Reicht sowohl der Bestand an EK_{45} als auch der Bestand an EK_{30} für die Verrechnung der s.n.a.A. nicht aus, so bestimmt § 31 Abs. 2 S. 2 KStG, daß der noch nicht verrechnete Betrag im EK_{45} vorläufig negativ vorzutragen ist und mit zukünftigen Zugängen zum verwendbaren Eigenkapital in EK45 **und/oder** EK30 zu verrechnen ist. Ein ausführliches Beispiel findet sich in Abschn. 85 Abs. 1 KStR 1995.

Aufgrund der unterschiedlichen Rechtsfolgen ist zwischen den bei der Einkommensermittlung „nichtabziehbaren Aufwendungen" (§ 10 KStG), den mit den Teilbeträgen des verwendbaren Eigenkapitals zu verrechnenden „nichtabziehbaren Ausgaben" (§ 31 KStG) und den „sonstigen nichtabziehbaren Ausgaben" (§ 31 Abs. 1 Nr. 4 KStG) zu unterscheiden.

☞ Literatur: Abschn. 85 KStR 1995

5.4.2 Erstattung sonstiger nichtabziehbarer Ausgaben

Werden einer Körperschaft s.n.a.A. i.S. des § 31 Abs. 1 Nr. 4 erstattet (z.B. die Vermögensteuer), so ist der Erstattungsbetrag in der Gliederung des vEK zum Schluß des Jahres der wirtschaftlichen Zugehörigkeit hinzuzurechnen.

Das heißt: Erfolgt die Erstattung im Jahr 03 für das Jahr 02, so erfolgt die Verrechnung im Jahr 03. Die Erstattung ist dabei mit dem Teilbetrag zu verrechnen, der seinerzeit durch die Verrechnung der s.n.a.A. im Sinne des § 31 Abs. 1 Nr. 4 KStG verringert wurde. Werden die s.n.a.A. nur zu einem Teil erstattet, ist der Erstattungsbetrag in der Weise den durch die ursprünglich im Wege der Verrechnung reduzierten Teilbeträge zuzurechnen, in der ihre Belastung zunimmt.

Angenommen, im Jahr 01 wurden mit dem EK_{45} und dem EK_{30} jeweils 5.000 DM Vermögensteuer - zusammen also 10.000 DM - als s.n.a.A. gem. § 31 Abs. 1 Nr. 4 KStG verrechnet. Im Jahr 03 erfolgt eine Vermögensteuer-Erstattung für das Jahr 01 in Höhe von 7.000 DM. Dann sind im Jahr 03 dem EK_{30} zunächst 5.000 DM hinzuzurechnen. Der verbleibende Erstattungsbetrag - die restlichen 2.000 DM - werden dem EK_{45} ebenfalls im Jahr 03 gutgeschrieben.

☞ Literatur und Beispiel: Abschn. 85 Abs. 4 KStR 1995

Aufgabe A.1: Verhältniszahlen und Multiplikatoren

Die nachfolgenden Kurzaufgaben dienen der Einübung der Verhältniszahlen und deren Kombination zu Multiplikatoren. Denken Sie daran, daß sich die Multiplikatoren stets aus der Division der Verhältniszahl der gesuchten Größe durch die Verhältniszahl der bekannten Größe ergeben.

Aufgabe:	Lösung:
Ein Unternehmen schüttet eine Bar-Dividende in Höhe von 10.000 DM aus. • Wieviel ist dazu aus EK_{45} zu entnehmen?	• Bar-Dividende gegeben (70), gesucht Entnahme EK_{45} (55), also Multiplikator (55/70) und damit 10.000 DM · (55/70) = 7.857,14 DM sind aus EK_{45} zu entnehmen.
• Wie hoch ist die Körperschaftsteuer-Änderung?	• Bar-Dividende gegeben (70), gesucht KSt-Änderung (45 ./. 30 = 15), also Multiplikator (15/70) und damit ist die KSt-Änderung = KSt-Minderung = 10.000 DM · (15/70) = 2.142,86 DM. EK_{45}-Entnahme + KSt-Minderung = 7.857,14 DM + 2.142,86 DM = Bar-Dividende = 10.000,00 DM. Oder anders: Gegeben EK45-Entnahme (55), gesucht KSt-Minderung (45 ./. 30 = 15), also Multiplikator (15/55) und damit die KSt-Änderung = KSt-Minderung = 7.857,14 DM · (15/55) = 2.142,86 DM.
• Es soll eine maximale Bar-Dividende von 70.000 DM aus EK_{45} ausgeschüttet werden. Wie hoch ist EK_{45}?	• Gesucht ist der EK_{45}-Entnahmebetrag (55), gegeben die maximale Bar-Dividende (70), die mit EK_{45} verrechenbar ist, also Multiplikator (55/70) und damit sind 70.000 DM · (55/70) = 55.000 DM aus EK_{45} zu entnehmen.

Aufgabe:	Lösung:
• Wie hoch ist die Steuergutschrift für den Anteilseigner bei einer Bar-Dividende in Höhe von 80.000 DM?	• Gegeben ist die Bar-Dividende (70), gesucht die Steuergutschrift (30), also Multiplikator (30/70) und damit 80.000 DM · (30/70) = 34.285,72 DM Steuergutschrift.
• In welcher Höhe hat der Empfänger einer Bar-Dividende in Höhe von 80.000 DM Einkommensteuer zu zahlen, wenn sein persönlicher Steuersatz 40% beträgt?	Zu versteuern beim Anteilseigner: Bar-Dividende 80.000 DM + Steuergutschrift 34.286 DM ----- = zu verst. Einkommen 114.286 DM · 40% = Einkommensteuer des AE 45.714 DM ./. Steuergutschrift KSt - 34.286 DM ----- = Einkommensteuer-Schuld = 11.428 DM
• Eine GmbH verfügt über kein belastetes Eigenkapital. In EK_{03} ist jedoch noch Altkapital in Höhe von 150.000 DM vorhanden. Trotz der schlechten Ertragslage beschließt die Gesellschafterversammlung 50.000 DM Bar-Dividende an die Anteilseigner auszuschütten. Berechnen Sie ∗ das benötigte Eigenkapital und ∗ die KSt-Erhöhung! ∗ Wie hoch ist die maximale Bar-Dividende?	Gegeben EK_{03} (100) = 150.000 DM sowie die Bar-Dividende (70) = 50.000 DM. ∗ Die gesuchte Entnahme *aus* EK_{03} ergibt sich aus 50.000 · (100/70) = 71.428,57 DM. ∗ Die gesuchte KSt-Erhöhung ergibt sich aus 71.428,57 DM · (30/100) = - 21.428,57 DM [alternativ: 50.000 DM · (30/70) = - 21.428,57 DM] ----- Bar-Dividende = 50.000,00 DM. ∗ Die gesuchte maximale Bar-Dividende ergibt sich aus 150.000 DM · (70/100) = 105.000 DM.

Aufgabe:	Lösung:
•Die Y-AG weist am 31.12.01 folgende Teilbeträge in der Gliederung des verwendbaren Eigenkapitals aus: EK_{45} 110.000, EK_{30} 30.000, EK_{03} 20.000.	
*Berechnen Sie die maximale Bar-Dividende, die aus den jeweiligen Teilbeträgen gezahlt werden kann.	*Gesucht maximale Bar-Dividende (70), gegeben EK_{45} (55), also Multiplikator (70/55) und damit 110.000 DM · (70/55) = 140.000 DM = maximale Bar-Dividende aus EK_{45}. *Gegeben EK_{30} (100), da bei Entnahme aus EK_{30} keine KSt-Änderung eintritt, entspricht der Bestand im EK_{30} der maximalen Bar-Dividende = 30.000 DM. *Gegeben EK_{03} (100), also Multiplikator (70/100) und damit 20.000 DM · (70/100) = 14.000 DM = maximale Bar-Dividende aus EK_{03}.
*Berechnen Sie die Körperschaftsteuer-Änderung für den Fall, daß eine maximale Bar-Dividende ausgeschüttet wird.	*Ausschüttung aufgrund der Verwendungsfiktion des § 28 Abs. 3 KStG zunächst aus EK_{45}. • Max. Bar-Dividende aus EK_{45} = 140.000 DM, KSt-Änderung (45 ./. 30) = 15 und damit 140.000 DM · (15/70) = 30.000 DM = KSt-Minderung. • Aus EK_{30} können ohne KSt-Änderung 30.000 DM entnommen werden. • Max. Bar-Dividende aus EK_{03} = (70/100) · 20.000 DM = 14.000 DM, KSt-Erhöhung = (30/70) · 14.000 DM = 6.000 DM. Folglich ergibt sich die KSt-Änderung aus der KSt-Minderung 30.000 DM und der KSt-Erhöhung 6.000 DM.

Aufgabe:	Lösung:
• Eine GmbH erwirtschaftet einen Gewinn vor Körperschaftsteuer in Höhe von 300.000 DM. Der gesamte Gewinn soll ausgeschüttet werden. Wie hoch ist die maximale Bar-Dividende?	• Gegeben: 300.000 DM = Brutto-Dividende (100), gesucht ist die Bar-Dividende (70), also Multiplikator (70/100) und damit 300.000 DM · (70/100) = 210.000 DM maximale Bar-Dividende.

Aufgabe A.2: Bestandsermittlung in EK_{45} und anschließende Ausschüttung

Die unbeschränkt körperschaftsteuerpflichtige Kapitalgesellschaft A weist in ihrem Jahresabschluß zum 31.12.01 einen Gewinn in Höhe von 9.500 DM aus. Dabei wurde Vermögensteuer in Höhe von 500 DM aufwandswirksam berücksichtigt.
Im März 02 möchte sie für das Jahr 01 eine Dividende in Höhe von 2.900 DM ausschütten.

a) Ermitteln Sie den Bestand im EK_{45} per Ende des Jahres 01, der für die Verrechnung von Ausschüttungen zur Verfügung steht! Der Anfangsbestand per 1.1.01 ist 0.

Lösung:

Zunächst muß das zu versteuernde Einkommen berechnet werden, um dann mit Hilfe der Tarifbelastung gemäß § 23 Abs. 1 KStG die Körperschaftsteuer berechnen zu können.

	Gewinn	9.500 DM
+	n.a. Aufwendung = VSt (§ 10 Nr. 2 KStG)	+ 500 DM
=	zu versteuerndes Einkommen	10.000 DM
./.	§ 23 Abs. 1 KStG Tarifbelastung	- 4.500 DM
=	Zugang zum EK_{45}	= 5.500 DM
./.	s.n.a.A. = VSt (§ 31 Abs. 1 Nr. 4 KStG)	- 500 DM
=	Bestand verwendbares EK_{45} am Ende des Jahres 01	= 5.000 DM

b) Berechnen Sie die tatsächliche Ausschüttung aus EK_{45}.

Lösung:

Gegeben: Bar-Dividende (70) = 2.900 DM,
gesucht: EK_{45} (55),
also Multiplikator (55/70) · 2.900 DM = 2.278,57 DM sind aus EK_{45} für die Verrechnung einer Ausschüttung in Höhe von 2.900 DM zu entnehmen.

Ergänzung:
Wie hoch ist die KSt-Schuld 01: 4.500,00 DM   Tarif-KSt gemäß § 23 Abs. 1 KStG
./. 621,43 DM   KSt-Minderung = (15/55) · 2.278,57
= 3.878,57 DM   KSt-Zahllast der Gesellschaft in 01

Aufgabe A.3: Bemessungsgrundlage und Gewinnverwendung

Die Schoko-GmbH mit Sitz und Geschäftsleitung in Trier hat zum 31.12.01 die nachstehende Kurzbilanz aufgestellt:

Handelsbilanz

Aktiva			Passiva
Verschiedene Aktiva	1.050.000	Stammkapital	225.000
		freie Rücklagen	225.000
		Bankverbindlichkeiten	300.000
		laufende Verbindlichkeiten	300.000
	1.050.000		1.050.000

An der GmbH sind die Trierer Geschäftsleute Herr Schon mit 180.000 DM und Herr Kost mit 45.000 DM beteiligt. Beide halten die Beteiligung im Privatvermögen.
Während Herr Schon sich weitgehend zurückgezogen hat, übt Herr Kost die Geschäftsführertätigkeit aus. Er erhält dafür ein angemessenes Jahresgehalt in Höhe von 72.000 DM. Angemessen ist auch der Pachtzins für das Grundstück, das Herr Kost in seinem Privatvermögen hält und für 18.000 DM an die Schoko-GmbH verpachtet hat.

Im Jahr 02 wurden folgende Geschäftsvorfälle verzeichnet:

Betrieblicher Aufwand der GmbH	1.117.500 DM,
Zinsen für Bankverbindlichkeiten	33.000 DM,
Vermögensteuerzahlung	8.400 DM,
Erlös aus der Veräußerung von Süßwaren	1.650.000 DM.

Die vorläufige Bilanzsumme beträgt bei den Gesamtaktiva zum 31.12.02 1.320.000 DM.
Laufende Verbindlichkeiten betragen 168.900 DM.
Die Bankverbindlichkeiten betragen unverändert 300.000 DM.
Die Gewerbesteuer beträgt 71.910 DM.

Aufgaben:

1. Erstellen Sie bitte
   a) die vorläufige (da ohne Berücksichtigung der Körperschaftsteuer) Gewinn- und Verlustrechnung der Schoko-GmbH zum 31.12.02 und
   b) dann die (ebenso vorläufige) Bilanz zum 31.12.02.

2. Wie hoch ist
   a) die Besteuerungsgrundlage der Schoko-GmbH?
   b) der Handelsbilanz-Gewinn nach Herstellung der Tarifbelastung?

3. Herr Schon und Herr Kost planen für das Jahr 02 eine Vollausschüttung des in 02 erzielten Gewinns. Dabei soll die freie Rücklage in Höhe von 225.000 DM in unveränderter Höhe bestehen bleiben!
   Berechnen Sie bitte zunächst die höchstmögliche Bar-Dividende und dann die endgültige Körperschaftsteuerschuld für das Jahr 02.

4. Kurzfristig entscheiden sich Herr Schon und Herr Kost, die freie Rücklage in Höhe von 225.000 DM doch für die offene Ausschüttung für das Jahr 02 zu verwenden. Wie hoch ist die Körperschaftsteuerschuld für 02, wenn diese zusätzliche Ausschüttung
   a) aus EK02 bzw.
   b) aus EK01 gespeist werden muß?

Lösung:

1. Die vorläufige Gewinn- und Verlustrechnung und die vorläufige Handelsbilanz:

vorläufige Gewinn- und Verlustrechnung

Aufwand		Ertrag	
steuerlich anzuerkennender betrieblicher Aufwand	1.117.500	Umsatzerlöse	1.650.000
Jahresgehalt Kost	72.000		
Pacht Kost (Grundstück)	18.000		
Bankzins	33.000		
Vermögensteuer	8.400		
Gewerbesteuer	71.910		
vorläufiger HB-Gewinn	329.190		
	1.650.000		1.650.000

vorläufige Handelsbilanz

Aktiva		Passiva	
verschiedene Aktiva	1.320.000	Stammkapital	225.000
		freie Rücklagen	225.000
		Bankverbindlichkeiten	300.000
		laufende Verbindlichkeiten	168.900
		Gewerbesteuer-Rückstellung	71.910
		vorläufiger HB-Gewinn	329.190
	1.320.000		1.320.000

2. a) Die Besteuerungsgrundlage der Schoko-GmbH:

Die Körperschaftsteuer bemißt sich gemäß § 7 Abs. 1 KStG nach dem zu versteuernden Einkommen. Zu versteuerndes Einkommen ist nach § 7 Abs. 2 KStG das Einkommen i.S. von § 8 Abs. 1 KStG.

Gewinn gemäß der vorläufigen Handelsbilanz	329.190 DM
+ nichtabziehbare Aufwendung (Vermögensteuer); § 10 Nr. 2 KStG	8.400 DM
= zu versteuerndes Einkommen	337.590 DM

Erläuterung:
Die Vermögensteuer ist eine nichtabziehbare Aufwendung i.S. von § 10 Nr. 2 KStG. Sie ist eine sonstige Personensteuer, die bei Körperschaften nicht abziehbar ist.
Was ist mit der Gewerbesteuer? Neben den sonstigen Personensteuern, der Umsatzsteuer auf den Eigenverbrauch und den damit verbundenen Nebenleistungen (Abschn. 43 Abs. 3 KStR 1995) sind auch die Steuern vom Einkommen der Körperschaft nicht abziehbar. Steuern vom Einkommen sind jedoch nur die Körperschaftsteuer sowie die einbehaltene Kapitalertragsteuer (für von der Körperschaft bezogene Kapitalerträge).

2. b) Der Handelsbilanz-Gewinn nach Herstellung der Tarifbelastung:

I.	Gewinn gemäß der vorläufigen Handelsbilanz	329.190 DM
	zu versteuerndes Einkommen	337.590 DM
II.	Tarifbelastung 45% davon (§ 23 Abs. 1 EStG)	151.916 DM

I. ./. II. = Handelsbilanz-Gewinn nach Herstellung der
körperschaftsteuerlichen Tarifbelastung
(329.190 ./. 151.916)   177.274 DM

3. Die höchstmögliche Bar-Dividende und die endgültige Körperschaftsteuerschuld für das Jahr 02:

Handelsbilanz-Gewinn nach Herstellung der Tarifbelastung	177.274 DM
+ KSt-Minderung 15/55 von 177.274 (§ 27 Abs. 3 S. 1 KStG)	48.347 DM
= höchstmögliche Bar-Dividende	225.621 DM
Handelsbilanz-Gewinn vor Körperschaftsteuer	329.190 DM
darauf Tarifbelastung 45% (§ 23 Abs. 1 EStG)	151.916 DM
./. KSt-Minderung 15/55 von 177.274 (§ 27 Abs. 3 S. 1 KStG)	48.347 DM
= endgültige Körperschaftsteuer	103.569 DM

4. a) Körperschaftsteuerschuld für 02, wenn die zusätzliche Ausschüttung mit EK_{02} verrechnet wird:

Körperschaftsteuer vor Verwendung der Rücklage	103.569 DM
+ KSt-Erhöhung (30/100) v. 225.000 (§ 27 Abs. 3 S. 1 KStG)	67.500 DM
= Körperschaftsteuerschuld 02	171.069 DM

4. b) Die Körperschaftsteuerschuld für 02, wenn die zusätzliche Ausschüttung mit EK_{01} verrechnet wird:

Körperschaftsteuer vor Verwendung der Rücklage	103.569 DM
keine KSt-Änderung bei Verwendung von EK_{01} (§ 40 Nr. 1 KStG)	
= Körperschaftsteuerschuld 02	103.569 DM

Aufgabe A.4: Erhöhung der Körperschaftsteuer

Eine GmbH möchte vorab ausschütten, und zwar eine effektive Ausschüttung von 100.000 DM.
Folgende Eigenkapitalien sind vorhanden:
EK_{45} 55.000,
EK_{02} 100.000.
Bitte berechnen Sie, wieviel jeweils aus den Teilbeträgen des verwendbaren Eigenkapitals entnommen werden muß.

Lösung:

Gemäß der Verwendungsfiktion des § 28 Abs. 3 KStG wird - ausgehend vom EK_{45} - geprüft, welche Bar-Dividende bei höchstmöglicher Ausschüttung verrechnet werden kann.
Gesucht: max. Bar-Dividende (70),
gegeben: EK_{45} (55), also Multiplikator (70/55) und damit errechnet sich die maximale Ausschüttung aus EK_{45} mit (70/55) · 55.000 DM = 70.000 DM.
Aber: Von dem Ausschüttungsziel 100.000 DM (effektive Ausschüttung = Bar-Dividende) können nur 70.000 DM mit EK_{45} verrechnet werden. Es fehlen also noch 30.000 DM, die mit EK_{02} zu verrechnen sind:
Gegeben: Bar-Dividende (70) = 30.000,
gesucht: Entnahme aus EK_{02} (100),
also Multiplikator (100/70) und damit (100/70) · 30.000 = 42.857,14 DM, die aus EK_{02} zu entnehmen sind.

Aufgabe A.5: Verwendungsfiktion und Gliederungsrechnung I

Am 1.1.01 weisen die Teilbeträge EK_{45} und EK_{01} keine Bestände aus.
Die Gewinne einer GmbH (vor KSt) betragen im Jahr 01 200.000 DM - tariflich zu versteuerndes Einkommen - und im Jahr 02 70.000 DM - aus steuerfreien ausländischen Einkünften. Im Kalenderjahr 03 erfolgt die Beschlußfassung über eine Vollausschüttung des Bilanzgewinns des Jahres 02 in Höhe von 70.000 DM.
Setzen Sie die Ereignisse in einer Gliederungsrechnung um.

Lösung:

Obwohl im Jahr 03 für das Jahr 02 eine Vollausschüttung in Höhe von 70.000 DM vorgenommen wird, die betragsgleich mit den steuerfreien Einnahmen aus dem Jahr 02 ist, erfolgt aufgrund der Reihenfolgefiktion des § 28 Abs. 3 KStG eine Verrechnung mit dem belasteten Eigenkapital, das aus vergangenen Perioden stammt. Der Vorteil: In der Gliederungsrechnung gebundenes KSt-Guthaben wird durch die Ausschüttung herausgelöst.

Aufgabe A.5		§ KStG	EK45	EK01
Bestand am 31.12.00 = 1.1.01		30 I	0	0
Zugänge zum vEK im Jahr 01 zu versteuerndes Einkommen ./. 45% KSt = Zugang zum EK45	200.000 90.000 ---------- 110.000	7 I, 8 I 23 I	+110.000	
vEK am Schluß des Jahres 01			110.000	0
Nachrichtlicher Teil für das Jahr 01 entfällt				
Bestand am 31.12.01 = 1.1.02			110.000	0
Zugänge zum vEK im Jahr 02 steuerfreie ausländische Einkünfte 70.000		30 II 1		70.000
vEK am Schluß des Jahres 02			110.000	70.000
Nachrichtlicher Teil 02: Verringerung des vEK durch Ausschüttungen: offene GA für 02 im Jahr 03 (Bar-Dividende!)	70.000	28 II 1		
Folgende Teilbeträge gelten als verwendet		28 III		
EK45-Entnahme in Höhe (55/70) · 70.000 = KSt-Minderung (15/70) · 70.000 =	55.000 15.000 -------- 70.000	28 III 27 I, 28 VI	- 55.000	
Bestand am 31.12.02 = 1.1.03			55.000	70.000

Aufgabe A.6: Verwendungsfiktion und Gliederungsrechnung II

Die Plüsch-AG hat im Wirtschaftsjahr 02 ein Einkommen in Höhe von 50.600 DM erzielt. Dabei wurden Vermögensteuerzahlungen in Höhe von 20.000 DM als nichtabziehbare Aufwendung i.S. des § 10 Nr. 2 KStG berücksichtigt.

In dem Veranlagungszeitraum 02 fallen folgende Gewinnausschüttungen an:
a) Offene Gewinnausschüttung für das Jahr 01 in Höhe von 80.000 DM (Bar-Dividende!).
b) Verdeckte Gewinnausschüttung im Jahr 02 an den Gesellschafter-Geschäftsführer in Höhe von 9.400 DM.

Das verwendbare Eigenkapital wurde zum Ende des Wirtschaftsjahres 01 (vor Berücksichtigung des nachrichtlichen Teils) wie folgt festgestellt:

EK45	27.500 DM,
EK30	10.000 DM,
EK01	5.000 DM,
EK03	20.000 DM.

a) Ermitteln Sie den Bestand an verwendbarem Eigenkapital zum 31.12.02 mit Hilfe der Fortschreibung in der Gliederungsrechnung.

Lösung:

Aufgabe A.6		§ KStG	EK45	EK30	EK01	EK02	EK03
vEK am 31.12.01		30	27.500	10.000	5.000	0	20.000
Nachrichtlicher Teil 01:							
offene GA in 02 für 01	80.000						
dafür gilt als verwendet:		28 II 1					
das gesamte EK45	27.500	28 III 1	-27.500				
KSt-Minderung (15/55)	7.500	27 I, 28 VI					
verbleiben	45.000						
das gesamte EK30	10.000	28 III 1		-10.000			
verbleiben	35.000						
das gesamte EK01	5.000	28 III 2			-5.000		
keine KSt-Erhöhung		40 Nr. 1					
verbleiben	30.000						
das gesamte EK03	20.000	28 III 2					-20.000
KSt-Erhöhung (3/7 · 14.000)	6.000	27 I					
max. Bar-Dividende aus EK03	14.000						
verbleibender Rest (30.000 ./. 14.000)							
= Unterschiedsbetrag	16.000						

Unterschiedsbetrag 16.000 KSt-Erhöhung (3/7 · 16.000) 6.857 Negativ ins EK02 einzustellen 22.857	35 I 35 II				-22.857		
Bestand am 31.12.01 = 1.1.02	30	0	0	0	-22.857	0
Einkommen 02 50.600 + vGA-Betrag 9.400 --------- = zu verst. Einkommen 02 60.000 ./. 45% KSt 27.000 --------- ins EK45 einstellen 33.000 s.n.a.A. 20.000	7 I, 8 I 8 III S.2 23 I 31 I 4		+33.000 -20.000			
vEK 31.12.02	30	13.000	0	0	-22.857	0
Nachrichtlicher Teil 02: verdeckte Gewinnausschüttung in 02 9.400 Dafür gilt als verwendet Entnahmebetrag EK45 (55/70) 7.386 KSt-Minderung (15/70) · 9.400 2.014	28 II 2 28 III 1 27 I, 28 VI		-7.386			
Bestand 31.12.01 = 1.1.03	30	5.614	0	0	-22.857	0

Der negative Bestand im EK_{02} kann nur durch sonstige Vermögensmehrungen in der Zukunft ausgeglichen werden.

b) Bestimmen Sie die endgültige Körperschaftsteuerschuld für das Jahr 02!

Tarifbelastung (45% von 60.000)	27.000,00 DM
./. KSt-Minderung aus der vGA-Verrechnung mit EK_{45}	2.014,29 DM
= Endgültige KSt-Schuld 02	24.985,71 DM

! Hinweis: Die KSt-Änderungen aufgrund der offenen Gewinnausschüttung im Jahr 02 für das Jahr 01 sind im Jahr 01 zu berücksichtigen (§ 27 Abs. 3 S. 1 KStG), auch wenn sie das vEK in der Gliederungsrechnung erst im Jahr 02 verrringern !

Aufgabe A.7: Die Zuordnung von s.n.a.A./Negatives EK$_{45}$

Im Veranlagungszeitraum 01 wird ein Gewinn vor KSt in Höhe von 80.000 DM erzielt. Dabei sind Vermögensteuer-Vorauszahlungen in Höhe von 50.000 DM und Aufsichtsratsvergütungen in Höhe von 120.000 DM berücksichtigt worden.

a) Berechnen Sie das zu versteuernde Einkommen!

b) Stellen Sie die Gliederung des verwendbaren Eigenkapitals zum 31.12.01 auf!
Berücksichtigen Sie dabei folgende Anfangsbestände im Jahr 01:
EK$_{45}$ 1000 DM,
EK$_{30}$ 0 DM,
EK$_{02}$ 20.000 DM.

Lösung:

Anfangsbestand EK$_{45}$		1.000 DM
Gewinn	80.000 DM	
+ n.a. Aufwendung = VSt-Vorauszahlungen (§ 10 Nr. 2 KStG)	50.000 DM	
+ n.a. Aufwendung = ½ Aufsichtsratsvergütung (§ 10 Nr. 4 KStG)	60.000 DM	
= zu versteuerndes Einkommen	190.000 DM	
./. 45% KSt (§ 23 Abs. 1 KStG)	85.500 DM	
= Zugang zum vEK	104.500 DM	104.500 DM
Gesamtbetrag EK$_{45}$ (laufende Zugänge plus Anfangsbestand)		105.500 DM
./. s.n.a.A.		
VSt-Vorauszahlung (§ 31 Abs. 1 Nr. 4 KStG)		50.000 DM
½ Aufsichtsratsvergütung (§ 31 Abs. 1 Nr. 4 KStG)		60.000 DM
= Bestand EK$_{45}$ nach Verrechnung der s.n.a.A.		- 4.500 DM

In der Gliederungsrechnung:

Aufgabe A.7		§ KStG	EK45	EK30	EK02
Bestand am 1.1.01		30 I	1.000	0	20.000
Zugänge zum vEK in 01 zu versteuerndes Einkommen ./. 45% KSt	190.000 85.500 ----------	7 I, 8 I 23 I			
= Zugang zum EK45	104.500		+104.500		
Abzug der s.n.a.A.: VSt-Vorauszahlungen ½ der Aufsichtsratvergütungen	50.000 60.000 ----------				
Summe der s.n.a.A.	110.000				
Verrechnung mit EK45 Verrechnung mit EK30 nicht möglich, da Null-Bestand. Negativer Vortrag in EK45	-105.500 - 4.500 ---------- 0	31 I Nr. 4 31 II	-105.500 - 4.500		
vEK am Schluß des Jahres 01			- 4.500	0	20.000

Aufgabe A.8: Sachzusammenhang in der Eigenkapitalgliederung

Die Trierer X-GmbH hat für das Wirtschaftsjahr = Kalenderjahr 01 folgende Gewinn- und Verlustrechnung aufgestellt:

Gewinn- und Verlustrechnung 01

Aufwand			Ertrag
Zinsaufwand (es besteht ein wirtschaftl. Zusammenhang zur steuerfreien Investitionszulage)	1.500	Investitionszulage (steuerfrei)	5.000
übrige Aufwendungen	100.000	übrige Erträge (steuerpflichtig)	200.000
Gewinn der Steuerbilanz	103.500		
	205.000		205.000

Körperschaftsteuer wurde nicht gewinnmindernd gebucht. Vermögensteuer ist nicht angefallen. Für das Wirtschaftsjahr 01 wurde im Jahr 02 eine Ausschüttung von 70.000 DM vorgenommen.

Aufgaben:

a) Ermitteln Sie das zu versteuernde Einkommen 01 und die Zugänge zum vEK.
b) Führen Sie eine entsprechende Eigenkapitalgliederung durch! Die Summe des vEK am 1.1.01 beträgt 0 DM.

Lösung:

ad a) Die Ermittlung des zu versteuernden Einkommens:

	Gewinn lt. Steuerbilanz	103.500 DM
+	Zinsaufwand § 3c EStG	+ 1.500 DM
	i.V.m. § 8 Abs. 1 KStG	
	"Soweit Ausgaben mit steuerfreien Einnahmen in unmittelbarem wirtschaftlichen Zusammenhang stehen, dürfen sie nicht als Betriebsausgabe abgezogen werden."	
./.	steuerfreie Investitionszulage	- 5.000 DM
=	zu versteuerndes Einkommen	100.000 DM
./.	Körperschaftsteuer 45 v.H. § 23 Abs. 1 KStG	- 45.000 DM
=	Zugang zum EK_{45}	55.000 DM

ad b) Die Gliederung des verwendbaren Eigenkapitals unter der Berücksichtigung von Ausgaben, deren Abzug wegen des unmittelbaren wirtschaftlichen Zusammenhangs mit steuerfreien Einnahmen nach § 3c EStG ausgeschlossen ist:

Aufgabe A.8	§ KStG	EK45	EK30	EK02
Bestand am 31.12.00 = 1.1.01	30	0	0	0
Zugänge zum vEK im Jahr 01 zu versteuerndes Einkommen 100.000 ./. 45% KSt 45.000 = Zugang zum EK45 55.000 steuerfreie Investitionszulage 5.000	23 I	+55.000		+ 5.000
Zinsaufwand Abschn. 85 III Nr. 1 KStR 1995 *Ausgaben, deren Abzug wegen des unmittelbaren wirtschaftlichen Zusammenhangs mit steuerfreien Einnahmen nach § 3c EStG ausgeschlossen ist, sind bei der Ermittlung der steuerfreien Vermögensmehrungen (EK02) abzuziehen.*	85 III KStR			- 1.500
vEK am Schluß des Jahres 01		110.000	0	3.500

Aufgabe A.9: Verwendungsfiktion des § 28 Abs. 4 KStG

Die X-GmbH hat im Mai des Jahres 02 per 31.12.01 die folgende Gliederungsrechnung erstellt:

Legende		§ KStG	EK45	EK30	EK01	EK02	EK03
Bestand am 1.1.01			30	0	0	10.000	0	10.000
zu versteuerndes Einkommen 01	100.000						
KSt-Tarifbelastung 45 v.H.	- 45.000	23 I					
Zugang EK45	55.000			+55.000				
vEK am Schluß des Jahres 01			30	55.000	0	10.000	0	10.000
Nachrichtlicher Teil:								
Summe der mit dem vEK 01 zu verrechnenden Gewinnausschüttungen	70.000	28 II					
Verwendung von EK45 (70.000 · 55/70)	55.000	28 III		- 55.000			
KSt-Minderung (70.000 · 15/70)	15.000	27 I,28 VI					
Bestand am 31.12.01 = 1.1.02			30	0	0	10.000	0	10.000

Bei einer Betriebsprüfung am Ende des Jahres 02 wird festgestellt, daß Vermögensteuer-Zahlungen in Höhe von 20.000 DM im Jahr 01 als Aufwand verrechnet wurden, aber weder bei der Einkommensermittlung noch in der Gliederungsrechnung Berücksichtigung fanden. Korrigieren Sie die Gliederungsrechnung!

Lösung:

Aufgabe A.9		§ KStG	EK45	EK30	EK01	EK02	EK03
Bestand am 1.1.01			30	0	0	10.000	0	10.000
Einkommen 01	100.000						
n.a. Aufwendung = VSt	+20.000	10 Nr. 2					
zu versteuerndes Einkommen 01	120.000						
KSt-Tarifbelastung 45 v.H.	- 54.000	23 I					
Zugang EK45	66.000			+66.000			
Abzug der s.n.a.A. = VSt	20.000	31 I 4		- 20.000			
vEK am Schluß des Jahres 01			30	46.000	0	10.000	0	10.000
Nachrichtlicher Teil:								
Summe der mit dem vEK 01 zu verrechnenden Gewinnausschüttungen	70.000	28 II					
Verwendung von EK45	46.000	28 III		- 46.000			
KSt-Minderung (46.000 · 15/55)	12.545	27 I, 28 VI 28 IV					
Verwendung von EK02 (70.000 - (46.000 + 12.545))	11.455						- 11.455	
KSt-Erhöhung (11.455 · 30/70)	4.909						- 4.909	
Bestand am 31.12.01 = 1.1.02			30	0	0	10.000	- 16.364	10.000

Übung Allgemeiner Teil

Aufgabe A.10: Verwendungsfiktion des § 28 Abs. 5 KStG

Die X-GmbH hat im Mai des Jahres 02 per 31.12.01 die folgende Gliederungsrechnung erstellt:

Legende		§ KStG	EK45	EK30	EK01	EK02	EK03
Bestand am 1.1.01		30	0	0	100.000	0	10.000
zu versteuerndes Einkommen 01	0						
KSt-Tarifbelastung 45 v.H.	0	23 I					
Zugang EK45	0						
vEK am Schluß des Jahres 01		30	0	0	100.000	0	10.000
Nachrichtlicher Teil:		0					
Summe der mit dem vEK 01 zu verrechnenden Gewinnausschüttungen	100.000	28 II					
Verwendung von EK01·	100.000	28 III			-100.000		
Keine KSt-Erhöhung	0	40 Nr. 1					
Bestand am 31.12.01 = 1.1.02		30	0	0	0	0	10.000

Bei einer Betriebsprüfung am Ende des Jahres 02 wird festgestellt, daß in der Vergangenheit die ausländischen Einkünfte um 20.000 DM zu hoch ausgewiesen wurden und damit EK_{01} per 1.1.02 nur 80.000 DM enthält. Darüber hinaus ist noch eine verdeckte Gewinnausschüttung in Höhe von 100.000 DM (Fiktion des vGA-Betrages als Bar-Dividende !) mit dem vEK zu verrechnen. Trotz der Einkommenswirkung der vGA (§ 8 Abs. 3 S. 2 KStG) beträgt das zu versteuernde Einkommen des Jahres 01 0 DM, d.h. die Einkommenswirkung der vGA gleicht annahmegemäß einen Steuerbilanzverlust in gleicher Höhe aus.

Lösung:

Aufgabe A.10		§ KStG	EK45	EK30	EK01	EK02	EK03
Bestand am 1.1.01		30	0	0	80.000	0	10.000
zu versteuerndes Einkommen 01	0						
KSt-Tarifbelastung 45 v.H.	0	23 I					
Zugang EK45	0						
vEK am Schluß des Jahres 01		30	0	0	80.000	0	10.000
Nachrichtlicher Teil:		0					
Summe der mit dem vEK 01 zu verrechnenden Gewinnausschüttungen	200.000	28 II					
Verwendung von EK01·	100.000	28 V			-100.000		
keine KSt-Erhöhung	0	40 Nr. 1					
Verwendung von EK03	10.000	28 III					-10.000
KSt-Erhöhung 10.000 · (30/100)	3.000	27 I					
maximale Bar-Dividende aus EK03	7.000						
Unterschiedsbetrag	93.000	35 I					
KSt-Erhöhung 93.000 · (30/70)	39.857	35 II					
Verwendung von EK02	132.857					-132.857	
Bestand am 31.12.01 = 1.1.02		30	0	0	-20.000	-132.857	0

Aufgabe A.11: Gliederung bei fehlendem verwendbaren Eigenkapital

Die X-AG weist zum 31.12.01 die folgenden Eigenkapitalien aus (vorläufiger Bestand, also vor Berücksichtigung des nachrichtlichen Teils):
EK_{45} = 25.000 DM, EK_{02} 0 DM, EK_{03} 1.000 DM, EK_{04} 1.000 DM.
Berücksichtigen Sie im nachrichtlichen Teil eine offene Gewinnausschüttung für das Jahr 01 in Höhe von 40.000 DM.

Lösung:

§ 35 Abs. 1 KStG bestimmt: "Reicht für eine Gewinnausschüttung das verwendbare Eigenkapital nicht aus, so muß für den nicht verrechenbaren Teil die Ausschüttungsbelastung hergestellt werden." Die Körperschaftsteuer-Erhöhung (§ 27 Abs. 3 KStG gilt entsprechend) ist zusammen mit dem nicht verrechenbaren Teil der Ausschüttung als Negativbeitrag in das EK_{02} einzustellen ($\Rightarrow$ § 35 Abs. 2 KStG). Zu beachten ist: Erst wenn *alle* Teilbeträge 0 bzw. ggf. kleiner 0 sind, greift § 35 KStG.

Aufgabe A.11		§ KStG	EK45	EK30	EK01	EK02	EK03	EK04
Bestand 1.1.01			25.000	0	0	0	1.000	1.000
zu versteuerndes Einkommen 01 Zugang EK45	0 0	7 I, 8 I						
vEK am Schluß des Jahres 01		30	25.000	0	0	0	1.000	1.000
Nachrichtlicher Teil: offene GA in 02 für 01	40.000	28 II 1						
• Verwendung EK45 KSt-Minderung 15/55 · 25.000 verbleiben	*-25.000* *- 6.818* 8.182	28 III 1 27 I, 28 VI	-25.000					
• Verwendung von EK03 max. Bar-Dividende (70/100) KSt-Erhöhung 30/100 · 1.000 verbleiben (8.182 ./. 700)	1.000 *700* *300* *7.482*	28 III 2 27 I					-1.000	
• Verwendung von EK04 Keine KSt-Erhöhung verbleiben	*1.000* *6.482*	28 III 2 40 S.1 Nr.1						-1.000
• Unterschiedsbetrag + KSt-Erhöhung darauf 3/7	6.482 + 2.778	§ 35 I						
= Negativ ins EK02 einstellen	9.260	§ 35 II				-9.260		
Bestand am 31.12.01 = 1.1.02			0	0	0	-9.260	0	0

Aufgabe A.12: Zeitliche Bestimmungen bei Ausschüttungen

Im Jahr 04 erfolgt eine oGA für das Jahr 01.
Die Verrechnung erfolgt im nachrichtlichen Teil am Ende des Jahres 03 (§ 28 Abs. 2 S. 1 KStG).

Im Jahr 04 wird durch eine Betriebsprüfung festgestellt, daß im Jahr 01 eine vGA durchgeführt worden ist.
Die Verrechnung erfolgt im nachrichtlichen Teil am Ende des Jahres 01 (§ 28 Abs. 2 S. 2 KStG).

Aufgabe A.13: Zeitliche Bestimmungen bei der verdeckten Gewinnausschüttung

Das verwendbare Eigenkapital der X-AG setzt sich am 31.12.01 wie folgt zusammen:
EK_{45} 250.000 DM,
EK_{02} 380.000 DM.
Im Jahr 04 stellt sich bei einer Betriebsprüfung heraus, daß von der X-AG im Jahr 02 100.000 DM verdeckt ausgeschüttet worden sind, die in voller Höhe gewinnmindernd verbucht wurden.

Aufgaben:
a) Welche körperschaftsteuerlichen Folgen ergeben sich aufgrund der vGA?
b) Erstellen Sie die Gliederungsrechnung per 1.1.03!

Lösung:

ad a) Hinsichtlich der körperschaftsteuerlichen Wirkungen einer vGA sind zwei Aspekte zu unterscheiden:
- die Einkommenswirkung und
- die Ausschüttungswirkung.
1. Das zu versteuernde Einkommen der X-AG erhöht sich *für das Jahr, in dem* die Ausschüttung erfolgt ist, also im Jahr 02 (§ 8 Abs. 3 S. 2 KStG, *Einkommenswirkung*).
2. Die Behandlung der vGA wie eine "andere Ausschüttung" ändert das Eigenkapital nach Feststellung des Bestandes zum Schluß des Wirtschaftsjahres, *in dem* die Gewinnausschüttung erfolgt (§ 28 Abs. 2 KStG, *Ausschüttungswirkung*).

ad b) Die Gliederungsrechnung:

Aufgabe A.13		§ KStG	EK45	EK02
Bestand am 31.12.01 = 1.1.02		30 I	250.000	380.000
Zugänge zum vEK in 02: zu versteuerndes Einkommen 02 (infolge vGA) 100.000 ./. 45% KSt 45.000 --------- = Zugang zum EK45 55.000		7 I, 8 I 8 III 2 23 I	+ 55.000	
vEK am Schluß des Jahres 02			305.000	380.000

Nachrichtlicher Teil:
Verringerung des vEK durch Ausschüttungen
1. offene GA im folgenden Wj (03)
   für abgelaufenes Wirtschaftsjahr 0
2. Ausschüttung, die nicht auf gesell-
   schaftsrechtlichem Gewinn-
   verteilungsbeschluß beruht
   vGA in 02 100.000
--------- 	
Zusammen 100.000
		28 II S. 1
		
		28 II S. 2
		
		78 III KStR		

Dafür gelten folgende Teilbeträge als verwendet:
a) Verringerung des EK45
   (55/70) v. 100.000 78.571
b) Minderung der KSt
   (15/70) v. 100.000 +21.429
--------- 	
100.000
		28 III
		
		27 I, 28 VI
			- 78.571	

Bestand am 31.12.02 = 1.1.03			226.429	380.000

Aufgabe A.14: Zusammenfallen von offener und verdeckter Gewinnausschüttung

Die Gliederung des vEK einer GmbH weist zum 31.12.01 folgende Teilbeträge aus:
EK$_{45}$ 1.000,
EK$_{03}$ 70.000.

Im Jahr **02** erzielt die GmbH einen Bilanzgewinn von 105.000 DM. Hierbei ist ein Körperschaftsteueraufwand von 45.000 DM, das sind 30% von 150.000 DM, gewinnmindernd berücksichtigt.

Im Mai **03** beschließt die Gesellschafterversammlung eine oGA in Höhe von 96.000 DM.

Eine ebenfalls im Mai des Jahres 03 durchgeführte Betriebsprüfung deckt eine verdeckte Gewinnausschüttung im Jahr 02 in Höhe 48.000 DM auf, die als Betriebsausgabe verbucht wurde.

Aufgabe 1:
Erstellen Sie die Gliederungsrechnung per 31.12.02 nach Betriebsprüfung!
Wie hoch ist die festzusetzende Körperschaftsteuer?

Lösung:

Aufgabe A.14		§ KStG	EK45	EK02	EK 03
Bestand am 31.12.01		30	1.000	0	70.000
Zugänge zum vEK in 02 Einkommen des Jahres 02 (105.000 + 45.000) + vGA 02	150.000 48.000	8 III S. 2			
= zu versteuerndes Einkommen 02 ./. 45 % KSt	198.000 89.100	7 I, 8 I 23 I			
= Zugang zum EK45	108.900		+108.900		
vEK am Schluß des Jahres 02			109.900	0	70.000
Nachrichtlicher Teil: Verringerung des vEK durch Ausschüttungen 1. offene GA im folgenden Wirtschaftsjahr (03) für abgelaufenes Wirtschaftsjahr	96.000	28 II S. 1 28 II S. 2			
2. Ausschüttung, die nicht auf gesellschaftsrechtl. Vorschriften entsprechendem Gewinnverteilungsbeschluß beruht, vGA in 02	+48.000				
Zusammen	144.000	78 III KStR			
Dafür gelten folgende Teilbeträge als verwendet: a) das gesamte EK45 KSt-Minderung (15/55) v. 109.900	-109.900 - 29.972	28 III 28 VI, 27 I	-109.900		
verbleiben b) Restbetrag aus EK03 KSt-Erhöhung (30/70) · 4.128	4.128 4.128 1.769	28 III 27 I			
	5.897				- 5.897
Bestand am 31.12.02			0	0	64.103

! Hier liegt kein Anwendungsfall von 28 Abs. 4 KStG vor, da eine ursprüngliche Verwendung von EK_{45} oder EK_{30} nicht später abgeändert wird !

Die festzusetzende Körperschaftsteuer für das Jahr 02 berechnet sich aus:

Tarifbelastung des Jahres 02	89.100 DM
./. Körperschaftsteuer-Minderung	- 29.972 DM
+ Körperschaftsteuer-Erhöhung	+ 1.769 DM
= Festzusetzende Körperschaftsteuer 02	60.897 DM

Aufgabe 2:

Die vGA in Höhe von 48.000 DM setzt sich aus zwei Komponenten zusammen:
a) Der geschäftsführende Gesellschafter A hat im Jahr 02 ein Gehalt in Höhe von 120.000 DM erhalten. Davon sind 40.000 DM unangemessen und zu hoch.
b) Der Geschäftsführer hat ein zinsloses Darlehen über 100.000 DM erhalten. Der marktübliche Zins für vergleichbare Darlehen (Höhe und Laufzeit) liegt im Jahr 02 bei 8 Prozent.

Welche einkommensteuerlichen Folgen ergeben sich hieraus?

Lösung:

Auch die vGA ist wie die Gewinnausschüttungen, die auf einem den gesellschaftsrechtlichen Vorschriften entsprechenden Gewinnverteilungsbeschluß beruhen, in das körperschaftsteuerliche Anrechnungsverfahren einbezogen.

Zu beachten ist jedoch, daß bei dem Gesellschafter unter bestimmten Voraussetzungen eine Umqualifizierung der Einkünfte stattfindet.

Die *Gehaltszahlung* stellt in der angemessenen Höhe Einkunft aus nichtselbständiger Arbeit i.S. des § 19 Abs. 1 EStG dar. Der unangemessene Teil in Höhe von 40.000 DM zählt dagegen zu den Einkünften aus Kapitalvermögen i.S. des § 20 Abs. 1 Nr. 1 S. 2 EStG. Neben dem Betrag von 40.000 DM ist gem. § 20 Abs. 1 Nr. 3 EStG auch die nach § 36 Abs. 2 Nr. 3 EStG anrechenbare KSt in Höhe von 30/70 von 40.000 = 17.142 den Einnahmen aus Kapitalvermögen zuzuordnen.

Analog führt die Gewährung des *zinslosen Darlehens* zu Einkünften aus Kapitalvermögen gem. § 20 Abs. 1 Nr. 1 EStG und § 36 Abs. 2 Nr. 3 EStG in Höhe von insgesamt (1 + 30/70) · 8000 = 11.428,57 DM.

Einkünfte aus Kapitalvermögen (§ 20 Abs. 1 Nr. 1 EStG):
Bar-Dividende   48.000 DM
+ anzurechnende KSt (3/7 · 48.000)   20.571 DM

= Einkünfte aus Kapitalvermögen   68.571 DM
+ Einkünfte aus nichtselbständiger Arbeit (§ 19 Abs. 1 EStG) 80.000 DM

= zu versteuerndes Einkommen   148.571 DM

Auf der Gesellschaftsebene ist die Ausschüttungsbelastung herzustellen, wenn die vGA aus dem Vermögen der Kapitalgesellschaft abfließt. Da die überhöhte Gehaltszahlung (fingiert gilt gleiches für das zinslose Darlehen) bereits in 02 abgeflossen ist, wurde das Vermögen der GmbH demnach in 02 gemindert (bzw. eine Vermögensmehrung verhindert).

Aufgabe A.15: Zusammenfallen von offener und verdeckter Gewinnausschüttung sowie Aufteilung der Körperschaftsteuer-Änderung (I)

Die Gliederung des vEK einer GmbH weist zum **31.12.01** folgende Bestände (vor Berücksichtigung des nachrichtlichen Teils) aus: EK_{45} = 55.000 DM, EK_{03} = 70.000 DM.

Im **Jahr 02** erzielt die GmbH einen Bilanzgewinn von 105.000 DM. Hierbei ist ein Körperschaftsteueraufwand von 45.000 DM, daß sind 30% von 150.000 DM, gewinnmindernd berücksichtigt.

Im **Mai 03** beschließt die Gesellschafterversammlung eine oGA für das Jahr 02 in Höhe von 96.000 DM und für das Jahr 01 in Höhe von 70.000 DM (jeweils Bar-Dividende). Eine ebenfalls im **Mai 03** durchgeführte Betriebsprüfung deckt eine verdeckte Gewinnausschüttung im **Jahr 02** in Höhe von 48.000 DM auf, die als Betriebsausgabe verbucht wurde.

Aufgaben:

a) Erstellen Sie die Gliederungsrechnung per 1.1.03?

b) Berechnen Sie die KSt-Schuld für die Jahre 01 und 02!

Lösungen:

ad a) Die Gliederungsrechnung per 1.1.03:

Aufgabe A.15		§ KStG	EK45	EK02	EK03
Bestand am 31.12.01		30 I	55.000	0	70.000
Zugänge zum vEK in 02: Berechnung des zu versteuernden Einkommens 02: Bilanzgewinn 105.000 + n.a. Aufwendung = KSt-Aufwand 45.000 + vGA im Jahr 02 48.000		7 I, 8 I 10 Nr. 2 8 III S. 2			
= zu versteuerndes Einkommen 198.000 ./. KSt-Aufwand (45%) 89.100		23 I			
= Zugang zum EK45 108.900			+108.900		
vEK am Schluß des Jahres 02			163.900	0	70.000
Nachrichtlicher Teil: Verringerung des vEK durch Ausschüttungen: 1. oGA im folgenden Wirtschaftsjahr (03) für abgelaufenes Wj 02 96.000 für abgelaufenes Wirtschaftsjahr 01 70.000		28 II S. 1			
2. Ausschüttungen, die nicht auf gesellschaftsrechtl. Gewinnverteilungsbeschluß beruhen, vGA in 02 48.000		28 II S. 2			
Zusammen 214.000		78 III KStR			
Dafür gelten folgende Teilbeträge als verwendet: a) Verrechnrung mit EK45 max. Bar-Dividende (70/55) · 163.900 = 208.600		28 III			
Minderung der KSt (15/70) · 208.600 44.700		28 VI, 27 I	-163.900		
verbleiben (214.000 ./. 208.600) 5.400 b) Verrechnung mit EK03 - 5.400		28 III			- 5.400
KSt-Erhöhung 5.400 · (30/70) - 2.314		27 I			- 2.314
Bestand am 31.12.02 = 1.1.03			0	0	62.286

Erläuterungen zur Aufgabe A.15 a):
Warum handelt es sich *nicht* um einen Anwendungsfall des § 28 Abs. 4 KStG?

Da die vGA im Jahr 02 vor dem Aufstellen der Gliederungsrechnung für das Jahr 02 im Jahr 03 aufgedeckt wird, reicht das EK_{45} und das EK_{30} nicht nachträglich, sondern von vornherein nicht für die Verrechnung aus. Daher handelt es sich um einen „normalen" Anwendungsfall der Verwendungsfiktion des § 28 Abs. 3 KStG. Da außerdem noch ein positiver EK_{03}-Bestand vorhanden ist, handelt es sich auch nicht um einen Anwendungsfall des § 35 KStG.

Annahme: Die verdeckte Gewinnausschüttung wird erst im Jahr 05 aufgedeckt. Das bedeutet, daß zwischenzeitlich eine Gliederungsrechnung erstellt wurde (in den Jahren 02, 03, 04), in der die offenen Gewinnausschüttungen mit EK$_{45}$ verrechnet wurden. Reicht der Bestand in EK$_{45}$ für diese zunächst in 02, 03 oder 04 durchgeführte Verrechnung nachträglich, also später, nicht mehr aus, dann liegt ein Anwendungsfall von § 28 Abs. 4 KStG vor!

ad b) Berechnung der KSt-Schuld für die Jahre 01 und 02:

Da die offenen und verdeckten Gewinnausschüttungen in der Gliederungsrechnung in einer Summe gemeinsam zu verrechnen sind (Abschn. 78 Abs. 3 KStR 1995), die KSt-Änderungen sich aber in verschiedenen Veranlagungszeiträumen (siehe § 27 Abs. 3 S. 1 und S. 2 KStG) auswirken, bedarf es hier einer Aufteilungsrechnung. Hinweis: Ein weiteres Beispiel zur Aufteilungsrechnung finden Sie in Abschn. 80 Abs. 2 KStR 1995.

Berechnung der KSt-Schuld für das Jahr für 01:

Zunächst ist die Struktur der Summe der Ausschüttungen, die im nachrichtlichen Teil der Gliederungsrechnung am Ende des Jahres 02 zu verrechnen ist, von Bedeutung. In der Summe in Höhe von 214.000 DM ist sowohl

eine offene GA im Jahr 03 für das Jahr 01 in Höhe von 70.000 DM,

eine offene GA im Jahr 02 für das Jahr 01 in Höhe von 96.000 DM und

eine verdeckte Gewinnausschüttung im Jahr 02 in Höhe von 48.000 DM enthalten.

Aufgrund der Summe der Verrechnungen ergibt sich im nachrichtlichen Teil am Ende des Jahres 02 eine KSt-Minderung in Höhe von 44.700 DM sowie eine KSt-Erhöhung in Höhe von 2.314 DM. Diese KSt-Minderung und -Erhöhung ist aufgrund der heterogenen Struktur der Summe der Ausschüttungen aufzuteilen auf die Jahre 01 und 02.

Für die *KSt-Schuld des Jahres 01* hat aufgrund von § 27 Abs. 3 S. 1 KStG nur die offene GA, die im Jahr 03 für das Jahr 01 erfolgt, Relevanz. Für diese offene GA ist die anteilige KSt-Minderung und KSt-Erhöhung zu bestimmen.

Auf die offene GA in Höhe von 70.000 DM entfällt

eine anteilige KSt-Minderung in Höhe von 14.621 DM [= (70.000/214.000) · 44.700] und

eine anteilige KSt-Erhöhung in Höhe von 756 DM [= (70.000/214.000) · 2.314].

Vorbehaltlich der Tarifbelastung des zu versteuernden Einkommens ergibt sich somit aus dem Saldo der KSt-Minderung und der KSt-Erhöhung eine KSt-Erstattung für das Jahr 01 in Höhe von 13.865 DM (14.621 ./. 756).

Für die *KSt-Schuld des Jahres 02* ist aufgrund von § 27 Abs. 3 S. 2 KStG die offene GA, die im Jahr 03 für das Jahr 02 erfolgt, und die verdeckte Gewinnausschüttung im Jahr 02 relevant. Für beide GA ist die anteilige KSt-Minderung und die KSt-Erhöhung zu bestimmen.
Auf die offene GA in Höhe von 96.000 DM entfällt
eine anteilige KSt-Minderung in Höhe von 20.052 DM [= (96.000/214.000) · 44.700] und
eine anteilige KSt-Erhöhung in Höhe von 1.038 DM [= (96.000/214.000) · 2.314].
Auf die vGA im Jahr 02 in Höhe von 48.000 DM entfällt
eine anteilige KSt-Minderung in Höhe von 10.026 DM [= (48.000/214.000) · 44.700] und
eine anteilige KSt-Erhöhung in Höhe von 519 DM [= (48.000/214.000) · 2.314].
Der Saldo aus der anteiligen KSt-Erhöhung und der anteiligen KSt-Minderung führt zunächst zu einem KSt-Erstattungsanspruch in Höhe von 28.521 DM, aufgrund der Tarifbelastung in Höhe von 89.100 DM kommt es jedoch lediglich zu einer Verringerung der KSt-Schuld auf 60.579 DM, die von der Gesellschaft an den Fiskus für das Jahr 02 abzuführen ist.

Aufgabe A.16: Verdeckte und offene Gewinnausschüttung (II)

Die Eigenkapitalien der X-AG setzen sich am 31.12.01 wie folgt zusammen:
EK_{45} 100.000 DM,
EK_{01} 80.000 DM,
EK_{02} 80.000 DM.

Das zu versteuernde (!) Einkommen beträgt im Jahr 02 100.000 DM, darin ist die erfolgswirksam verbuchte Vermögensteuer (§ 10 Nr. 2 KStG) in Höhe von 10.000 DM enthalten. Im Jahr 04 erfolgt eine offene Gewinnausschüttung für das Jahr 02 (Brutto-Dividende 100.000 DM).

Im Jahr 03 erzielt die AG ein zu versteuerndes Einkommen in Höhe von 80.000 DM, darin sind 10.000 DM Vermögensteuer enthalten.

Im Jahr 05 stellt sich bei einer Betriebsprüfung heraus, daß von der X-AG im Jahr 02 100.000 DM verdeckt ausgeschüttet worden sind. Infolgedessen ist der Steuerbilanz des Jahres 02 und darauf aufbauend auch das ursprüngliche zu versteuernde Einkommen 02 um 100.000 DM zu niedrig ausgewiesen worden.

Übung Allgemeiner Teil

Aufgaben:

a) Erstellen Sie die Gliederung des verwendbaren Eigenkapitals per 1.1.04.

b) Berechnen Sie die Körperschaftsteuer-Schuld für die Jahre 02, 03 und 04.

Lösungen:

ad a) Die Gliederung des verwendbaren Eigenkapitals per 1.1.04.

Aufgabe A.16		§ KStG	EK 45	EK01	EK 02
Bestand am 31.12.01		30	100.000	80.000	80.000
Zugänge zum vEK in 02 Einkommen des Jahres 02 + vGA 02	100.000 100.000	7 I, 8 I 8 III S. 2			
= zu versteuerndes Einkommen 02 ./. 45% KSt	200.000 90.000	23 I			
= Zugang zum EK45	110.000		+110.000		
Abzug der s.n.a.A.	10.000	31 I Nr. 4	- 10.000		
vEK am Schluß des Jahres 02			200.000	80.000	80.000
Nachrichtlicher Teil: Verringerung des vEK durch Ausschüttungen 1. oGA 2. GA, die nicht auf gesellschaftsrechtl. Gewinnverteilungsbeschluß beruht vGA in 01	- 100.000	28 II S. 1 28 II S. 2			
Zusammen	100.000	78 III KStR			
Dafür gelten folgende Teilbeträge als verwendet: Verringerung des EK45 (55/70) · 100.000 = KSt-Minderung (15/70) · 100.000	78.571 + 21.429	28 III 27 I, 28 VI	- 78.571		
	100.000				
Bestand am 31.12.02 = 1.1.03			121.429	80.000	80.000
Zugänge zum vEK in 03 zu verst. Einkommen des Jahres 03 ./. 45% KSt	80.000 36.000	7 I, 8 I 23 I			
= Zugang zum EK45	44.000		+ 44.000		
Abzug der s.n.a.A.	10.000	31 I Nr. 4	- 10.000		
vEK am Schluß des Jahres 03			155.429	80.000	80.000

Nachrichtlicher Teil: Verringerung des vEK durch Ausschüttungen 1. oGA in 04 für 02 70.000 2. GA, die nicht auf gesellschaftsrechtl. Gewinnverteilungsbeschluß beruht - -------- Zusammen 70.000	28 II S. 1 78 III KStR			
Dafür gelten folgende Teilbeträge als verwendet: Verringerung des EK45 (55/70) · 70.000 = 55.000 KSt-Minderung (15/70) v. 70.000 15.000 -------- 70.000	28 III 27 I, 28 VI	-55.000		
Bestand am 31.12.03 = 1.1.04		100.429	80.000	80.000

! Auch hier liegt kein Anwendungsfall von 28 Abs. 4 KStG im nachrichtlichen Teil des Jahres 02 vor, weil die Teilbeträge EK_{45} und/oder EK_{30} für die Verrechnung ausreichen !

ad b) Berechnung der Körperschaftsteuer-Schuld für die Jahre 02, 03, 04:

       für 02: Tarifbelastung   90.000 DM

       ./. KSt-Minderung wegen vGA in 02   21.429 DM

       ./. KSt-Minderung wegen oGA in 04 für 02   15.000 DM
       ....

       = Körperschaftsteuer -Schuld für 02   53.571 DM,

       für 03: Tarifbelastung 36.000 DM,

       für 04: keine Angaben.

Verlustverrechnung

1. Die körperschaftsteuerliche Verlustverrechnung

In dem Kapitel A.3 "Die Ermittlung des zu versteuernden Einkommens" wurden in Abschnitt 3.3 die Möglichkeiten der Verlustverrechnung vorgestellt. Der Verlustrücktrag und der Verlustvortrag sind darin als zentrale Verfahren der Verlustverrechnung im Einkommensteuer- und Körperschaftsteuerrecht eingeführt worden. Im folgenden werden der Begriff des steuerlichen Verlustes sowie die Voraussetzungen der Verlustverrechnung als bekannt vorausgesetzt.

1.1 Der Verlustrücktrag

Ab dem *Veranlagungszeitraum 1994* ist es im Bereich des Verlustrücktrages und des Verlustvortrages zu einschneidenden Änderungen gekommen ist. Die Neuordnung des § 10d EStG sieht nun ein *Antragsrecht* des Steuerpflichtigen vor: Es besteht ein Wahlrecht, ob der im Verlustentstehungsjahr nicht ausgeglichene Verlust zurück- oder vorgetragen wird. Damit ist der Vorrang des Verlustrücktrages gegenüber dem Verlustvortrag weggefallen. Von der Neuordnung nicht betroffen ist der Höchstbetrag des Verlustrücktrages in Höhe von 10 Mio. DM, der auf die beiden letzten, dem aktuellen Veranlagungszeitraum vorangegangenen Rücktragsjahre aufgeteilt werden darf.

Während in dem Kapitel A.3.3 die vom Einkommensteuergesetz geprägten Regelungen im Vordergrund stehen, sollen nun die körperschaftsteuerlichen Spezifika hinzugefügt werden. Dabei stehen folgende Probleme im Mittelpunkt:

1. Die Größe "nicht ausgeglichener Verlust" (steuerlicher Verlust) wurde bereits eingeführt, welche zeitlich dem Verlustentstehungsjahr zuzuordnen ist und der Höhe nach den intertemporär verrechenbaren steuerlichen Verlust darstellt. Wie kann im Wege des Verlustrücktrages durch eine entsprechende Volumengestaltung eine bessere Steuerentlastungswirkung erreicht werden?
Mit diesem Problem setzt sich Abschnitt 1.1.2 "Die Optimierung der Höhe des Verlustrücktrages" auseinander.

2. Nachdem das Problem der optimalen Höhe des Verlustabzugs in den einzelnen Verlustverrechnungsjahren geklärt ist, stellt sich das Problem der Behandlung des Verlustabzugs in der Gliederungsrechnung. Die Frage "Wie werden Verluste mit dem verwendbaren Eigenkapital verrechnet?" wird im Abschnitt 1.1.3 "Die Umsetzung des Verlustrücktrages in der Gliederungsrechnung" behandelt.

1.1.1 Die gesetzlichen Obergrenzen des Verlustrücktrages

Bei den gesetzlichen Obergrenzen des Verlustrücktrages muß zwischen zwei verschiedenen Perspektiven unterschieden werden. Zum einen wird der Verlustrücktrag durch die Obergrenzen aus der Sicht des Verlustentstehungsjahres beeinflußt, zum anderen durch die gesetzlichen Grenzen aus der Sicht des Jahres, in das der steuerliche Verlust zurückgetragen werden soll.

Aus der Sicht des *Verlustentstehungsjahres*
- legt § 10d EStG den Höchstbetrag von 10 Mio. DM fest. Das heißt: Aus dem Verlustentstehungsjahr 03 darf in die beiden geplanten Verlustrücktragsjahre zusammen (also in das Jahr 01 und das Jahr 02) nicht mehr als 10 Mio. DM zurückgetragen werden.

- Selbstverständlich darf der Verlustrücktrag und der Verlustvortrag den steuerlich abzugsfähigen Verlust des Verlustentstehungsjahres (03) nicht überschreiten.

Aus der Sicht des *geplanten Verlustrücktragsjahres*
- bestimmt § 10d EStG, daß die Verluste vom Gesamtbetrag der Einkünfte in Abzug zu bringen sind. Da der Gesamtbetrag der Einkünfte durch die Verlustverrechnung nicht negativ werden darf, ist der Gesamtbetrag der Einkünfte gleichzeitig auch die Obergrenze aus der Sicht der geplanten Rücktragsjahre.

- Weitere gesetzliche Obergrenzen bestehen nicht. Es obliegt somit dem Geschick der steuerpflichtigen Körperschaft, ihr Verlustabzugspotential möglichst sinnvoll auszuschöpfen.

Exkurs:
Bis zum Veranlagungszeitraum 1993 einschließlich wurden die Obergrenzen aus der Sicht des geplanten Verlustrücktragsjahres durch die Regelungen des damaligen § 8 Abs. 5 KStG ergänzt. Danach konnte ein Verlustrücktrag nur in der Höhe durchgeführt werden, als das Einkommen in den Rücktragsjahren vor Abzug der Körperschaftsteuer die ausgeschütteten Gewinne zuzüglich der Ausschüttungsbelastung nach § 27 KStG überstieg. Der ausgeschüttete Gewinn umfaßt die offenen Gewinnausschüttungen *für* das Verlustabzugsjahr und die anderen Gewinnausschüttungen *im* Verlustabzugsjahr. Somit durfte ein steuerlicher Verlust nur in ein Wirtschaftsjahr zurückgetragen werden, soweit mit dem laufenden Einkommen keine Gewinnausschüttungen finanziert wurden. Durch den Wegfall dieser gesetzlichen Regelung wurden neue Freiräume geschaffen, die von den Steuerpflichtigen genutzt werden können.

1.1.2 Die Optimierung der Höhe des Verlustrücktrages

Die Optimierung der Höhe des Verlustrücktrages setzt zunächst die Überlegung voraus, was durch eine Verlustverrechnung in den beiden dem aktuellen Veranlagungszeitraum vorangegangenen Veranlagungszeiträumen erreicht werden soll.

Der Verlustrücktrag bewirkt, daß ein positiver Gesamtbetrag der Einkünfte in den Verlustabzugsjahren verringert, ggf. sogar null wird. Diese Reduktion des Gesamtbetrages der Einkünfte und damit des zu versteuernden Einkommens hat zur Folge, daß steuerpflichtige Einkommensteile, die in den Jahren 01 und 02 bereits der Körperschaftsteuer unterworfen wurden, nachträglich von der Körperschaftsteuer befreit werden. Es kommt aufgrund des Rücktrages von Verlustabzugspotential aus dem Verlustentstehungsjahr 03 in die Jahre 01 und 02 zu einer Körperschaftsteuererstattung im Jahr 03.

Nachdem so die Wirkung des Verlustabzuges im groben beschrieben ist, ist auch gleichzeitig das Ziel festgelegt: Das Freisetzen von Körperschaftsteuer, die bereits an den Fiskus in den Jahren 01 und 02 gezahlt wurde.

Spannt man nun den Bogen zur Gliederungsrechnung, so wird deutlich, daß diese aufgrund ihrer Eigenschaft als Körperschaftsteuer-Guthabenspeicher von einem Verlustrücktrag betroffen wird. Denn: Der Verlustrücktrag führt in den Jahren 01 und 02 zu einem niedrigeren zu versteuernden Einkommen. Das niedrigere zu versteuernde Einkommen bewirkt seinerseits einen geringeren Zugang zu EK_{45} und damit einen geringeren Speicher von Körperschaftsteuer-Guthaben.

Die Feststellung, daß sich der Verlustrücktrag auf die Gliederungsrechnung auswirkt, führt jedoch zu der Überlegung, daß sämtliche Bestandsveränderungen, die der Verlustverrechnung nachgelagert sind, vom Verlustrücktrag beeinflußt werden. Das heißt: Der Verlustrücktrag führt zu einer Reduktion von im EK_{45} ausgewiesenen Eigenkapital, das anschließend in Höhe der durch die Verlustverrechnung bewirkten Bestandskorrektur weder für Bestandsveränderungen i.S. von Ausschüttungen noch für die Verrechnung von s.n.a.A. zur Verfügung steht.

Damit ist deutlich geworden: Der Verlustrücktrag beeinflußt den Bestand an verwendbarem Eigenkapital und daran anschließend die zukünftigen Bestandsveränderungen i.S. von Verrechnen von Ausschüttungen und s.n.a.A. in der Gliederungsrechnung. Dem schließt sich die Frage an: Wie sind diese Bestandsveränderungen bei der Planung des Verlustrücktrages zu berücksichtigen. Mit anderen Worten: Welchen Einfluß nehmen die Bestandsveränderungen der Jahre 01, 02 und 03 auf die optimale Höhe des Verlustrücktrages?

1.1.2.1 Die Einflußfaktoren

Folgende Faktoren wirken sich auf das Volumen des optimalen Verlustrücktrages aus:
1. Ausschüttungen,
2. die Höhe des Anfangsbestandes im EK_{45},
3. das Einkommen im geplanten Verlustrücktragsjahr sowie die
4. sonstigen nichtabziehbaren Ausgaben.

Es sind also nicht nur die Bestandsveränderungen i.S. von Abgängen, also Ausschüttungen oder s.n.a.A., sondern auch die Zugänge aufgrund des zu versteuernden Einkommens sowie der Anfangsbestand selbst mit in die Optimierung der Verlustrücktragshöhe einzubeziehen.

ad 1. Ausschüttungen:

Bedenkt man, daß Ausschüttungen mit dem verwendbaren Eigenkapital am Schluß eines Jahres zu verrechnen sind und diese Verrechnung einem ggf. durch den Verlustrücktrag reduzierten Einkommen und damit EK_{45} nachfolgt, so ist schnell erkennbar, daß ein vollständiger Verlustrücktrag bis zur Höhe des Gesamtbetrages der Einkünfte des Rücktragsjahres ungünstig sein kann. Denn: Ist nach dem Verlustrücktrag nicht mehr genügend ungemildert belastetes verwendbares EK_{45} für die Gewinnausschüttung vorhanden, muß sie mit dem gemildert belasteten EK_{30} und, falls dieses auch nicht ausreicht, gemäß § 28 Abs. 4 KStG mit dem ungemildert belasteten Eigenkapital EK_{02} oder EK_{03} mit der Folge der Körperschaftsteuererhöhung verrechnet werden. Zum besseren Verständnis sei der Blick nochmals auf die Zielsetzung des Verlustrücktrages gelenkt: Die Freisetzung von in der Gliederungsrechnung gebundenem Körperschaftsteuer-Guthaben. Soweit eine solche Freisetzung auch durch Ausschüttungen, die mit dem in dem geplanten Verlustrücktragsjahr oder nachfolgenden Jahren ausgewiesenen verwendbaren Eigenkapital zu verrechnen sind, erfolgt, ist der Verlustrücktrag nicht optimal oder der Verlustrücktrag läuft leer. Der Verlustrücktrag führt dann nicht zu einer *zusätzlichen* Freisetzung von in der Gliederungsrechnung gebundenem Körperschaftsteuer-Guthaben, sondern löst lediglich *anstelle* der Ausschüttungen Körperschaftsteuer-Guthaben aus der Gliederungsrechnung heraus oder - im Falle des Leerlaufes - löst sogar eine Körperschaftsteuer-Erhöhung aus.

Daher gilt:
1. Soweit für die Ausschüttung gemäß § 28 Abs. 3 KStG nach der Verlustverrechnung das EK_{30} anstelle von EK_{45} als verwendet wird, erleidet das Unternehmen einen Nachteil in Höhe der entfallenden KSt-Minderung. Statt zusätzliches in der Gliederungsrechnung

gebundenes Körperschaftsteuer-Guthaben in Höhe von 45 freizusetzen, erfolgt nur eine zusätzliche Freisetzung in Höhe von 30.

Beispiel:
Im verwendbaren Eigenkapital zum 31.12.01 weist das EK_{45} einen Bestand in Höhe von 55 aus, der aus dem Zugang im Jahr 01 stammt, und das EK_{30} einen Bestand in Höhe von 70 aus. Vor der Durchführung des geplanten Verlustrücktrages wird die Bar-Dividende in Höhe von 70 mit EK_{45} verrechnet. Neben dem Anrechnungsguthaben (30) kommt es zu einer KSt-Minderung, die nach § 28 Abs. 6 KStG für die Ausschüttung als verwendet gilt. Zusammen mit dem Anrechnungsguthaben wird also ein KSt-Guthaben in Höhe von 45 aus der Gliederungsrechnung herausgelöst. Ziel des Verlustrücktrages ist nun die Freisetzung von einem zusätzlichen Körperschaftsteuer-Guthaben in Höhe von 45. Der Verlustrücktrag wäre folglich optimal, wenn insgesamt ein Körperschaftsteuer-Guthaben in Höhe von 90 freigesetzt wird. Durch eine Verlustverrechnung in Höhe von 100 im Jahr 01 wird das zu versteuernde Einkommen und damit der Zugang in EK_{45} auf null gesenkt. Daher müßte die Bar-Dividende nun aus EK_{30} statt aus EK_{45} finanziert werden. Durch die Verlustverrechnung käme es zwar zu einer Körperschaftsteuer-Erstattung in Höhe von 45, aber durch die Verrechnung der Ausschüttung mit EK_{30} würde nur noch ein Körperschaftsteuer-Guthaben in Höhe von 30 statt in Höhe von 45 freigesetzt. Fazit: Nach der Verlustverrechnung würde statt der optimalen Freisetzung von Körperschaftsteuer-Guthaben in Höhe von insgesamt 90 nur eine Freisetzung in Höhe von 75 realisiert.

2. Gilt hingegen gemäß § 28 Abs. 4 KStG unbelastetes Eigenkapital als für die Ausschüttung verwendet - die Verrechnung des Verlustrücktrages führt im Rücktragsjahr zu einer Reduktion im EK_{45} und/oder EK_{30}, so daß annahmegemäß diese Teilbeträge nicht mehr für die ursprünglich vollzogene Verechnung der Ausschüttungen zur Verfügung stehen -, so erleidet das Unternehmen einen Nachteil durch die Körperschaftsteuererhöhung in Höhe 3/7 der Bar-Dividende. Die Entlastung des Gewinns von der Körperschaftsteuer durch den Verlustrücktrag wird in diesem Fall durch die Körperschaftsteuererhöhung kompensiert. Der Verlustrücktrag läuft leer.

Beispiel:
Wie zuvor, jedoch wird in der Gliederungsrechnung statt einem Bestand in EK_{30} ein Bestand in Höhe von 100 im EK_{02} ausgewiesen. Nach der Verlustverrechnung müßte die Bar-Dividende aus EK_{02} finanziert werden. Es käme zu einer Körperschaftsteuer-Erhöhung, so daß die Gesellschaft per Saldo Körperschaftsteuer in Höhe von 45 statt optimal 90 freisetzt und darüber hinaus zusätzlich Körperschaftsteuer in Höhe von 30 abführt. Dieser Leerlaufeffekt des Verlustrücktrages tritt aufgrund des § 28 Abs. 4 KStG auch dann auf, wenn positive Bestände in dem Teilbetrag EK_{01} und/oder EK_{04} vorhanden sind oder EK_{02} durch die Verrechnung negativ wird.

Die Verrechnung von Ausschüttungen in den geplanten Verlustrücktragsjahren und in den Jahren, die den geplanten Verlustrücktragsjahren folgen, muß daher bei der Bestimmung der optimalen Verlustrücktragshöhe beachtet werden.

In den beiden vorangegangenen Beispielen wurde zunächst stets von einer Verwendung von EK_{45} für die Verrechnung der Ausschüttung ausgegangen, die nachträglich durch den Verlustrücktrag beeinflußt wurde. Die beschriebenen Nachteile treten in ihrem Umfang nur in Zusammenhang mit einer Änderung der Verwendung von EK_{45} auf. Daher werden die nachfolgenden Ausführungen zunächst auf das EK_{45} beschränkt.

ad 2. Höhe des Anfangsbestandes und ad 3. Zugang zum verwendbaren Eigenkapital:
Die Ausschüttungen sind mit dem verwendbaren Eigenkapital am Schluß eines Wirtschaftsjahres zu verrechnen. Das mit 45%iger Körperschaftsteuer belastete und für Ausschüttungen verwendbare Eigenkapital am Schluß eines geplanten Verlustrücktragsjahres setzt sich zusammen aus der Höhe des Anfangsbestandes im EK_{45} und den Zugängen zum ungemildert belasteten verwendbaren Eigenkapital im betreffenden Wirtschaftsjahr.

Als erstes Zwischenergebnis halten wir fest, daß der Anfangsbestand im EK_{45} und/oder der Zugang im EK_{45} im geplanten Verlustrücktragsjahr für die Verrechnung der Ausschüttung ausreichen muß. Reicht das für Ausschüttungen verwendbare EK_{45} nicht aus, so ist mit Einschränkung ein Verlustrücktrag nicht sinnvoll. Zu den relevanten Ausschüttungen zählen neben den offenen Gewinnausschüttungen *für* das geplante und anderen Gewinnausschüttungen *in* dem geplanten Abzugsjahr auch die verspäteten offenen Gewinnausschüttungen für ein früheres als das Abzugsjahr. Die verspäteten offenen Gewinnausschüttungen bleiben jedoch zunächst ausgeklammert, auf sie wird an anderer Stelle eingegangen.

ad 4. Sonstige nichtabziehbare Ausgaben:
Die sonstigen nicht abziehbaren Ausgaben sind gemäß § 31 Abs. 1 Nr. 4 KStG vorrangig vom EK_{45} in Abzug zu bringen. Übersteigen sie diesen Teilbetrag, so sind sie vom EK_{30} abzuziehen. Wird auch dieser Teilbetrag überstiegen, so ist der Unterschiedsbetrag als Negativ-Posten ins EK_{45} einzustellen. Die s.n.a.A. schmälern das verwendbare Eigenkapital am Schluß eines Jahres (vor der Berücksichtigung der Gewinnausschüttungen im nachrichtlichen Teil der Gliederungsrechnung) und können so die nachteiligen Verdrängungswirkungen und damit die in den Beispielen unter ad 1. gezeigten Nachteile im Zuge der Verrechnung von Gewinnausschüttungen beeinflussen.

Als nächstes Zwischenergebnis ist daher festzuhalten, daß der Anfangsbestand im EK_{45} und/oder der Zugang im EK_{45} im geplanten Verlustrücktragsjahr ausreichen muß, um die s.n.a.A. *und* die Ausschüttungen verrechnen zu können.

1.1.2.2 Die Basisformel

Die Zusammenfassung der vorstehend erläuterten Einflußfaktoren und damit das Zwischenergebnis führt zu folgender Gleichung:

$$\underbrace{A_{45} + (E - X) \cdot (1 - 0{,}45)}_{\text{Zugang im Rücktragsjahr}} = G_{45} + \text{s.n.a.A.}$$

mit
A$_{45}$:   Anfangsbestand EK$_{45}$.
E: Einkommen vor Verlustrücktrag im geplanten Rücktragsjahr.
G$_{45}$:   Entnahmebetrag aus EK$_{45}$ zur Finanzierung offener *für* das geplante und anderer Gewinnausschüttungen *in* dem geplanten Verlustabzugsjahr.
s.n.a.A.:   Sonstige nichtabziehbare Ausgaben.
X: Gesuchtes, optimiertes Verlustrücktragsvolumen.

Durch Umformung ergibt sich:[1]

$$(1) \quad X = \Big[A_{45} + \underbrace{E \cdot (1 - 0{,}45)}_{\substack{\text{Zugang zum EK}_{45} \\ \text{(vor Verlustrücktrag)}}} - \text{s.n.a.A.} - G_{45} \Big] / 0{,}55$$

$$\underbrace{\phantom{A_{45} + E \cdot (1 - 0{,}45) - \text{s.n.a.A.} - G_{45}}}_{\substack{\text{verwendbares EK}_{45} \text{ am} \\ \text{Ende des Rücktragsjahres}}}$$

Die Formel berücksichtigt die Fortschreibung des verwendbaren Eigenkapitals im Zeitablauf, d.h. der Endbestand nach Verrechnung von Ausschüttungen ist zugleich der Anfangsbestand vor Zugängen des Folgejahres. Sie berücksichtigt jedoch nicht, daß aus Sicht eines geplanten Verlustrücktrages in das Jahr 01 auch Ausschüttungen, die in dem ersten dem aktuellen Verlustentstehungsjahr vorangegangenen Veranlagungszeitraum 02 und/oder

---

[1] $A_{45} + (E - X) \cdot 0{,}55$ $= G_{45} + \text{s.n.a.A.}$
  $A_{45} + 0{,}55\,E - 0{,}55\,X$ $= G_{45} + Y$
  $A_{45} + 0{,}55\,E - G_{45} - \text{s.n.a.A.}$ $= 0{,}55\,X$
  $[(A_{45} - G_{45} - \text{s.n.a.A.}) / 0{,}55] + E$ $= X$

Ausschüttungen, die mit dem verwendbaren Eigenkapital am Ende des Verlustentstehungsjahres 03 selbst zu verrechnen sind, einkalkuliert werden müssen. Diese Überlegung wird an dem nachstehenden Schaubild veranschaulicht.

Übersicht 16: Intertemporäre Auswirkung des Verlustrücktrages

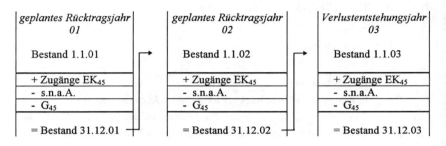

Es wird deutlich, daß die vorstehende Formel (1) interperiodische Zusammenhänge nur insoweit beachtet, als der Anfangsbestand im EK_{45} mit dem Endbestand des unmittelbar vorangegangenen Veranlagungszeitraumes übereinstimmt. Auf das Schaubild übertragen: Die vorstehende Formel (1) beschränkt ihre Sicht auf jeweils eine der drei Säulen, die der Fortschreibung des verwendbaren Eigenkapitals in den Jahren 01 bis 03 entsprechen.

Nicht berücksichtigt wird hingegen, daß ein Verlustrücktrag in das Jahr 01 auch den Bestand an EK_{45}, der für Ausschüttungen in den Jahren 02 und 03 zur Verfügung steht, beeinflußt. Reicht der Anfangsbestand und der Zugang zum EK_{45} im Jahr 02 nicht aus, um die s.n.a.A. und Ausschüttungen der Jahre 02 und 03 (das Jahr 03 ist das Verlustentstehungsjahr ohne zu versteuerndes Einkommen und folglich ohne Zugang in EK_{45}!) verrechnen zu können, so muß dieser Sachverhalt bereits bei der Berechnung des Verlustrücktrages in 01 bzw. 02 Eingang finden.

S.n.a.A. sind in der Basisformel (1) *nicht gesondert* zu beachten, wenn ihrer Verrechnung mit EK_{45} in einem folgenden Verlustrücktragsjahr oder im Verlustentstehungsjahr keine Verrechnung von Ausschüttungen mehr folgt.

Aus diesen Überlegungen ergeben sich die folgenden Arbeitsebenen 1 bis 4.

1.1.2.3 Arbeitsebenen

1. Berechnung des Verlustrücktrages für den zweiten, dem Verlustentstehungsjahr vorangegangenen Veranlagungszeitraum 02 mit Hilfe der Basisformel (1).
2. Überprüfen der Auswirkungen dieses Verlustrücktrages in das Jahr 01 auf die Jahre 02 und 03.

Für das Verlustentstehungsjahr und den ersten, dem Verlustentstehungsjahr vorangegangenen Veranlagungszeitraum ist zu prüfen, ob mit dem Bestand an verwendbarem Eigenkapital, der sich am Schluß des jeweiligen Veranlagungszeitraums ergibt, Ausschüttungen zu verrechnen sind. Ist dies der Fall, so muß weiter geprüft werden, ob der Anfangsbestand und die Zugänge ausreichen, um die s.n.a.A. und Ausschüttungen speisen zu können.
D.h. die folgende Bedingung

$$(2) \quad \underbrace{A + (E \cdot (1 - 0{,}45))}_{\text{Zwischenbestand Z}} \geq \underbrace{\text{s.n.a.A.} + G}_{\text{Verrechnungen V}}$$

muß jeweils in den Jahren 02 oder 03 erfüllt sein, mit der Einschränkung, daß s.n.a.A. nur dann in die Bedingung eingehen, wenn ihnen eine Verrechnung von Ausschüttungen folgt.

Ist die Bedingung *erfüllt*, dann ergibt sich der Verlustrücktrag für das Jahr 01 in der Höhe wie mit der Basisformel (1) berechnet.

Ist die Bedingung *nicht erfüllt*, so ist der für das geplante Rücktragsjahr 01 nach der Formel (1) berechnete Verlustrücktrag X um den Kürzungsbetrag K, der sich aus [V - Z] / 0,55 ergibt, herunterzusetzen.

3. Berechnung des Verlustrücktrages für den ersten, dem Verlustentstehungsjahr vorangegangenen Veranlagungszeitraum 02 nach der Formel (1).

4. Überprüfen der Auswirkungen dieses geplanten Verlustrücktrages in das Jahr 02 auf das Jahr 03 mit Hilfe der Bedingung (2) (analog zu Arbeitsschritt 2., jedoch kann (E · (1 - 0,45)) weggelassen werden, da im Verlustentstehungsjahr 03 kein Zugang zum EK_{45} erfolgt).

Die Arbeitsschritte 3. und 4. können auch zusammengefaßt werden, indem in der Formel (1) die Ausschüttungen (G_{45}), die im nachrichtlichen Teil der Gliederungsrechnung für das Jahr 02 erfaßt werden ($G_{45,\,02}$), und die Ausschüttungen (G_{45}), die im nachrichtlichen Teil der Gliederungsrechnung für das Jahr 03 zu berücksichtigen sind ($G_{45,03}$), in einer Summe $G_{45,02+03}$ berücksichtigt werden.

☞ Ausführliches Beispiel zur Umsetzung der Arbeitsschritte und zugleich Übungsaufgabe zur Anwendung der Basisformel → Aufgabe B.1

1.1.2.4 Ergänzungen der Basisformel

1.1.2.4.1 Ergänzung I - EK_{50}-Bestand

Wird in der Gliederungsrechnung eines geplanten Verlustrücktragsjahres ein EK_{50}-Bestand ausgewiesen, so ist dieses vorrangig und außerhalb der Reihenfolgefiktion des § 28 Abs. 3 KStG für eine Ausschüttung zu verwenden. Ab dem Veranlagungszeitraum 1994 dürfen s.n.a.A. nicht mehr vorrangig mit EK_{50} verrechnet werden, sondern sind vorrangig vom EK45-Bestand (§ 31 Abs. 1 Nr. 4 KStG) abzuziehen.

Daraus ergibt sich die folgende Erweiterung der Basisformel:
- Für geplante Verlustrücktragsjahre ab Vz 1994 bis 1997 berechnet sich der Verlustrücktrag aus: $X = [A_{50} - G_{50}] / 0,5 + [Basisformel]$

Bei der Überprüfung der Auswirkungen des geplanten Verlustrücktrages in einem dem Verlustrücktragsjahr folgenden Veranlagungszeitraum bedarf es der besonderen Beachtung der Höhe der Gewinnausschüttungen in der Bedingung (2). Da bei vorhandenem EK_{50}-Bestand Gewinnausschüttungen vorrangig mit diesem zu verrechnen sind, gehen Gewinnausschüttungen (G_{45}) nur dann in die Bedingung (2) ein, soweit ein den EK_{50}-Bestand überschießender Betrag ($G`_{45}$) mit EK_{45} zu verrechnen ist. Die Bedingung lautet dann:

(2`)   $A_{45} + (E \cdot (1-0,45)) \geq $ s.n.a.A. $+ G`_{45}$

mit $G`_{45}$: Bar-Dividende, die nicht mit dem EK_{50} verrechnet werden kann, abzüglich der KSt-Minderung in Höhe 15/70.

Da die Umgliederung positiver EK_{50}-Bestände per 1.1.1998 erfolgt, entfällt die Ergänzung I in Veranlagungszeiträumen nach dem 31.12.1997 (§ 54 Abs. 11a KStG).

1.1.2.4.2 Ergänzung II - Zins- und Liquiditätsaspekte

Ein Verlustrücktrag kann auch dann vorteilhaft sein, wenn Teile des Verlustabzuges nicht optimal ausgenutzt werden. Eine nicht optimale Ausnutzung liegt vor, wenn aufgrund der Verlustverrechnung Gewinnausschüttungen entweder keine Körperschaftsteuerminderung (Finanzierung aus EK_{30}) oder sogar eine Körperschaftsteuererhöhung (Finanzierung aus EK_{02}) auslösen.
Kommt es durch die Verlustverrechnung zu einem Anwendungsfall von § 28 Abs. 4 KStG und folglich zu einer Körperschaftsteuererhöhung, so wird Verlustabzugspotential verbraucht, ohne daß in der Gliederungsrechnung gebundenes, zusätzliches Körperschaftsteuerguthaben freigesetzt wird, da dieses bereits vor der Verlustverrechnung durch die Verrechnung der Gewinnausschüttungen mobilisiert werden konnte. Statt durch Gewinnausschüttungen wird durch die Verlustverrechnung Körperschaftsteuerguthaben freigesetzt. Dieser Effekt wird als „Leerlauf" des Verlustrücktrages bezeichnet.

Läuft der Verlustrücktrag nicht leer, sondern wird er lediglich aufgrund der um die Körperschaftsteuer-Minderung reduzierten zusätzlichen Körperschaftsteuer-Freisetzung nicht optimal ausgenutzt, so kann dieser „Nachteil" durch einen Vorteil kompensiert werden. Die nachfolgenden Überlegungen zu diesem Vorteil ergeben sich auch für den Fall, daß durch den Verlustrücktrag Einkommensteile, die bei ihrer Thesaurierung im Wege der Aufteilungsrechnung einer 30%igen Körperschaftsteuer unterliegen, steuerfrei gestellt werden. Auch dann ist der tatsächliche Effekt des Verlustrücktrages - die Freisetzung von Körperschaftsteuerguthaben - um 15 Punkte kleiner als bei einer Freistellung von ungemildert der Körperschaftsteuer unterliegenden Einkommensteilen. In beiden Fällen entsteht der angesprochene „Vorteil" durch einen gegenüber der Basisformel zusätzlichen Verlustrücktrag in Höhe maximal 100/70 des EK_{30}-Bestandes und ergibt sich in Höhe des Zins- und Liquiditätsvorteils, der aus der vorgezogenen Körperschaftsteuerersparnis - durch den höheren Verlustrücktrag gegenüber der Situation mit Anwendung der Basisformel - resultiert. Da die Körperschaftsteuererstattung aus der Verlustverrechnung ins Jahr der Verlustentstehung fällt, tritt der Vorteil nur auf, wenn bei Anwendung der Basisformel das Verlustabzugspotential nicht vollständig rückgetragen werden kann und in zukünftige Perioden vorgetragen wird. Das heißt: Die Ergänzung I der Basis-Formel ist bei der Berechnung der Höhe des optimalen Verlustrücktrages nur dann von Bedeutung, wenn das Verlustabzugspotential des Verlustentstehungsjahres 03 - bei Beschränkung auf die Basis-Formel (1) - nicht vollständig innerhalb der 10 Mio. DM-Grenze des § 10d EStG i.V.m. § 8 Abs. 1 KStG rückgetragen werden kann.

Für die Entscheidung, ob der Zinsvorteil aus der früheren Verfügbarkeit des KSt-Erstattungsanspruchs in Höhe 100/70 des EK_{30}-Bestandes den Nachteil übersteigt, ist der bei Anwendung der Basisformel (1) höhere KSt-Erstattungsanspruch mit dem Faktor $1 / (1 + i)^n$ auf den Entscheidungszeitpunkt/das Verlustentstehungsjahr abzuzinsen. Dabei entspricht i dem betrieblichen Kalkulationszinsfuß und n der Zahl der Jahre, die voraussichtlich vergehen, bis der Verlustvortrag, der sich bei Anwendung der Basisformel ergeben würde, mit zukünftigem Einkommen verrechnet werden könnte. Dieser Zinsvorteil übersteigt den Nachteil aus dem nicht optimalen Velustrücktrag aber nur dann, wenn n sehr hoch ist - bspw. weil mit positivem Einkommen in absehbarer Zeit nicht gerechnet werden kann.

1.1.2.4.3 Ergänzung III - Definitivbelastung der s.n.a.A.

Während es sich in der Ergänzung II um die Verrechnung von Ausschüttungen mit EK_{30} statt EK_{45} unter Fortfall der Körperschaftsteuer-Minderung oder um die Freistellung von Einkommensteilen, die indirekt dem EK_{30} zugehen, handelt, stellt die Ergänzung III auf die Verrechnung der s.n.a.A. mit EK_{30} statt EK_{45} ab. Denn: Während bei der Verrechnung von s.n.a.A. mit EK_{45} die Definitivbelastung (45/55) · s.n.a.A. beträgt, reduziert sie sich auf (30/70) · s.n.a.A. bei einer Verrechnung mit EK_{30}. Es errechnet sich somit ein hier zu beachtender, neben Zins- und Liquiditätsaspekten zusätzlicher Vorteil in Höhe von (45/55) ./. (30/70), entsprechend 38,96%, des Teils der s.n.a.A, der durch einen gegenüber der Basisformel höheren Verlustrücktrag statt mit EK_{45} mit EK_{30} verrechnet werden kann.

1.1.2.4.4 Ergänzung IV - Negativer Anfangsbestand

S.n.a.A. sind gemäß § 31 Abs. 1 Nr. 4 KStG zunächst mit dem EK_{45}, und soweit dieses für die Verrechnung nicht ausreicht, gemäß § 31 Abs. 2 KStG mit dem EK_{30} zu verrechnen. Soweit die s.n.a.A. auch das EK_{30} übersteigen, ist der Unterschiedsbetrag in den folgenden Veranlagungszeiträumen von den Zugängen zum verwendbaren Eigenkapital in der gleichen Reihenfolge abzuziehen. Oder anders: Reichen die Zugänge zum EK_{45} in den künftigen Veranlagungszeiträumen jeweils nicht zur Verrechnung der s.n.a.A. aus, so sind diese - soweit vorhanden - mit EK_{30}-Zugängen zu verrechnen.

Da aufgrund der Verwendungsfiktion des § 28 Abs. 3 KStG die Verrechnung von Gewinnausschüttungen nicht zu einem negativen EK_{45} oder EK_{30} führen kann, steht ein negativer

Anfangsbestand im EK_{45} stets in Zusammenhang mit noch künftig zu verrechnenden s.n.a.A. Der negative Anfangsbestand im EK_{45} ist lediglich ein Merkposten und erinnert daran, daß aus der Vergangenheit noch s.n.a.A. mit EK_{45} *oder* - entsprechend § 31 Abs. 2 KStG - mit EK_{30} zu verrechnen sind.

Ist ein solcher Vortrag von s.n.a.A. als negativer Anfangsbestand in EK_{45} im Jahr 01 ausgewiesen, so ist die Höhe des optimalen Verlustrücktrages (X) gleich dem Einkommen des geplanten Rücktragsjahres, wenn sowohl im Jahr 01 als auch in den Folgejahren 02 und 03
- keine Gewinnausschüttungen zu verrechnen sind oder
- unabhängig von einem Verlustrücktrag die Gewinnausschüttungen ohnehin mit EK_{02} zu verrechnen sind und damit eine Körperschaftsteuer-Erhöhung ausgelöst wird.

Wird durch die Durchführung des Verlustrücktrages in Höhe des zu versteuernden Einkommens verhindert, daß in den Verlustrücktragsjahren 01 oder 02 bzw. im Verlustentstehungsjahr 03 das für Ausschüttungen verwendbare Eigenkapital positiv wird *und* sind darüber hinaus Ausschüttungen zu verrechnen, so kommt es auch hier zu den in Ergänzung II beschriebenen Nachteilen und es muß überprüft werden, ob die Zinsvorteile aus einer früheren Verfügbarkeit die Nachteile ausgleichen.

1.1.2.4.5 Zusammenfassung

Die Berechnung der Höhe des optimalen Verlustrücktrages verlangt die Beachtung gliederungsrechnungsspezifischer Zusammenhänge und eine anwendungsfallbezogene Analyse der Relevanz potentieller Einflußfaktoren.
Die Basisformel kann innerhalb des Ablaufschemas für die Berechnung des optimalen Verlustrücktrages eingesetzt werden, soweit bei positivem Anfangsbestand in EK_{45} Zins- und Liquiditätsvorteile aus einer vorgezogenen Körperschaftsteuererstattung sowie Vorteile aus einer niedrigeren Definitivbelastung vernachlässigt werden können.
Ist neben dem EK_{45}-Bestand auch ein EK_{30}-Bestand vorhanden oder ist der Anfangsbestand in EK_{45} negativ, so muß geprüft werden, ob eventuell der Nachteil eines nicht optimalen Verlustrücktrages kleiner ist als die niedrigere Definitivbelastung der s.n.a.A. und/oder die Zins- und Liquiditätseffekte aus der vorgezogenen Körperschaftsteuererstattung.

1.1.3 Die Umsetzung des Verlustrücktrages in der Gliederungsrechnung

Im folgenden wird nun der Frage nachgegangen, wie Verlustrückträge in der Gliederungsrechnung zu berücksichtigten sind. Zwar ist in den vorstehenden Beispielen bereits deutlich geworden, wie sich der Verlustrücktrag auf die Gliederung des verwendbaren Eigenkapitals im Verlustentstehungsjahr bzw. Rücktragsjahr(en) auswirkt, das Augenmerk soll jetzt aber auf die zentrale Regelung des § 33 KStG sowie Abschn. 89 KStR 1995 gerichtet werden.

- **Auswirkungen in den Rücktragsjahren:**

Durch den Verlustrücktrag wird eine Neugliederung des verwendbaren Eigenkapitals notwendig. Nach § 47 Abs. 2 KStG ist der Feststellungsbescheid über die Teilbeträge des vEK für beide Verlustrücktragsjahre zu ändern. Denn durch einen Verlustrücktrag nach § 10d EStG i.V.m. § 8 Abs. 1 KStG ändert sich das Einkommen des Abzugsjahres, so daß die Gliederung des vEK zum Schluß des betreffenden Wirtschaftsjahres neu erstellt werden muß. Die Zugänge zu den mit Körperschaftsteuer belasteten Teilbeträgen sind neu zu berechnen.

Da die Verlustrückträge tatsächlich erst im Verlustentstehungsjahr zu einer Verminderung des steuerbilanziellen Eigenkapitals führen, werden sie bis zu diesem Jahr als positive Ausgleichsposten in das EK_{02} eingestellt. Diese Einordnung ins EK_{02} hat im Verlustjahr dabei mehr den Charakter eines Merkpostens, der anzeigen soll, daß das vEK in Höhe des Verlustrücktrages verlorengegangen ist (§ 33 Abs. 2 KStG, Abschn. 89 Abs. 2 KStR 1995). Auch die auf dem Verlustrücktrag lastende Körperschaftsteuer wird erst im Verlustentstehungsjahr erstattet, so daß bis zu diesem Jahr das steuerbilanzielle Eigenkapital geringer bleibt. Deshalb wird das EK_{02} im Rücktragsjahr um die spätere Körperschaftsteuer-Erstattung zunächst vermindert (Abschn. 89 Abs. 3 KStR 1995). Nochmals: Durch den Verlustrücktrag verringert sich die Körperschaftsteuer erst im Abzugsjahr. Entsprechend der Behandlung in der Handelsbilanz und in der Steuerbilanz erhöht die zu erstattende Körperschaftsteuer das vEK erst in der Gliederung zum Schluß des Wirtschaftsjahres, in dem der Verlust entstanden ist.

- **Auswirkungen im Verlustentstehungsjahr:**

Die Regelung des § 33 Abs. 1 KStG besagt, daß Verluste, die sich nach den steuerrechtlichen Vorschriften über die Gewinnermittlung ergeben haben, in der Gliederung zum Schluß des Verlustjahres bei dem nichtbelasteten Teilbetrag EK_{02} abzuziehen sind. Dieser

Abzug beim EK_{02} ist auch dann vorzunehmen, wenn der Teilbetrag negativ wird (Abschn. 89 Abs. 1 KStR 1995).

Im Verlustentstehungsjahr führt die durch den Verlustrücktrag entstandene Körperschaftsteuererhöhung zu einer Erhöhung des EK_{02}; erst danach mindert der gesamte Verlust - entsprechend seiner steuerbilanziellen Wirkung - den Bestand an EK_{02}.

Der gesamte steuerlich abziehbare Verlust ist demnach im Verlustentstehungsjahr als Negativ-Betrag ins EK_{02} einzustellen. Sofern das EK_{02} während des Zeitraums der Verlustverrechnung keine sonstigen Bestände aufweist, entspricht der Bestand an EK_{02} am Ende des Verlustentstehungsjahres dem vortragsfähigen Verlust, d.h. dem Teil des Verlustes, der nach Kürzung um den rücktragsfähigen Verlust noch bleibt.

☞ Literatur: Abschn. 89 Abs. 4 KStR 1995 zeigt ein ausführliches Beispiel zur Berücksichtigung von Verlusten in der Gliederungsrechnung, ohne jedoch auf die Berechnung der Höhe des optimalen Verlustrücktrages einzugehen.

Die nachfolgende Übersicht 17 faßt die Auswirkungen des Verlustrücktrages hinsichtlich der Berücksichtigung des Körperschaftsteuer-Erstattungsanspruchs und des Verlustrücktrages in der Gliederungsrechnung zusammen.

Übersicht 17: Auswirkungen des Verlustrücktrages auf die Gliederung des vEK

... im Verlustrücktragsjahr:	... im Verlustentstehungsjahr:
a) Der Zugang zum EK_{45} verringert sich, da die Verrechnung des zurückgetragenen Verlustes zu einem niedrigeren zu versteuernden Einkommen führt.	
b) Der Zugang zum EK_{02} erhöht sich um das steuerfrei gestellte Einkommen in Höhe des Verlustrücktrages (§ 33 Abs. 2 S. 1 KStG).	a) Der steuerliche Verlust ist vom EK_{02} abzuziehen (§ 33 Abs. 1 KStG).
c) Der Körperschaftsteuer-Erstattungsanspruch aufgrund des steuerfrei gestellten Einkommens entsteht erst zum Schluß des Verlustentstehungsjahres und ist im Verlustrücktragsjahr negativ in das EK_{02} einzustellen (Abschn. 89 Abs. 3 KStR 1995).	b) Der Körperschaftsteuer-Erstattungsanspruch aus dem Verlustrücktrag ist dem EK_{02} hinzuzurechnen. Im Verlustabzugsjahr war das EK_{02} in Höhe des Erstattungsanspruchs gekürzt worden, da dieser erst am Schluß des Verlustentstehungsjahres entsteht (Abschn. 89 Abs. 3 KStR 1995).

1.2 Der Verlustvortrag in der Gliederungsrechnung

Soweit das steuerliche Verlustabzugspotential des Verlustentstehungsjahres nicht durch einen Verlustrücktrag aufgezehrt wird, kann der verbleibende Verlust vorgetragen werden. Der Verlustvortrag ist im Gegensatz zum Verlustrücktrag sowohl zeitlich als auch der Höhe nach unbegrenzt.

Hinsichtlich der Auswirkungen des Verlustvortrages in der Gliederung des verwendbaren Eigenkapitals ist zwischen dem Verlustentstehungsjahr und Verlustvortragsjahren zu unterscheiden.

Im *Verlustentstehungsjahr* ist der steuerliche Verlust unabhängig davon, ob er rückgetragen oder vorgetragen wird, vom EK_{02} abzuziehen (§ 33 Abs. 1 KStG). Da der „Körperschaftsteuer-Erstattungsanspruch" aus dem Verlustvortrag erst im Verlustabzugsjahr zu berücksichtigen ist, sind im Verlustentstehungsjahr aus der Sicht des Verlustvortrages keine weiteren Aspekte in der Gliederungsrechnung zu beachten.

In einem *Verlustvortragsjahr* verringert der Verlustabzug das zu versteuernde Einkommen und damit die Körperschaftsteuerschuld. Der „Körperschaftsteuer-Erstattungsanspruch" ist im Wege des Verlustvortrages folglich kein Anspruch auf Rückvergütung bereits gezahlter Körperschaftsteuer, sondern verringert ex ante die Körperschaftsteuerschuld der Gesellschaft. Deshalb ist der „Erstattungsanspruch" nicht gesondert - wie beim Verlustrücktrag - in EK_{02} zu erfassen.

Der Verlustvortrag ist im Verlustabzugsjahr in Höhe des mit dem Gesamtbetrag der Einkünfte verrechneten Verlustabzuges als positiver Betrag im EK_{02} zu erfassen.

Ist das steuerliche Verlustabzugspotential aufgebraucht, so stimmt der Bestand im EK_{02} nach der Verlustverrechnung mit dem Bestand vor der Verlustverrechnung überein. Die Verrechnung des Verlustrücktrages und des Verlustvortrages sowie des mit dem Verlustrücktrages einhergehenden Körperschaftsteuer-Erstattungsanspruchs mit EK_{02} führt per Saldo zu keiner Bestandsveränderung im EK_{02}.

Aufgabe B.1: Verlustrücktrag

Das nachstehende Tableau zeigt die Entwicklung verschiedener, für die Verlustverrechnung relevanten Größen in den Jahren 01, 02 und 03. Die ausgewiesene Summe der Gewinnausschüttungen umfaßt die Ausschüttungen, die jeweils im nachrichtlichen Teil des betreffenden Jahres zu verrechnen sind.

Jahr	zu versteuerndes Einkommen	s.n.a.A.	Gewinnaus-schüttungen (Bar-Dividenden)	Anfangsbestand im	
			Summe	EK45	EK02
01	350 DM	60 DM	140 DM	50 DM	200 DM
02	50 DM	10 DM	70 DM	?	?
03	steuerlicher Verlust 250 DM	-	-	?	?

Aufgaben:
a) Berechnen Sie die Höhe des optimalen Verlustrücktrages in die Jahre 01 und 02!
b) Erstellen Sie die Gliederungsrechnung nach Verlustrücktrag per 31.12.03!

Lösungen:

ad a) Berechnen Sie die Höhe des optimalen Verlustrücktrages in die Jahre 01 und 02!

1. Arbeitsschritt:
Anwendung der Basisformel zur Berechnung des optimalen Verlustrücktrages (X_{01}) in das Jahr 01:

$X_{01} = [A_{01} + (E_{01} \cdot 0{,}55) - \text{s.n.a.A.}_{01} - G_{01}] / 0{,}55$
$X_{01} = [50 + (350 \cdot 0{,}55) - 60 - 110] / 0{,}55$
$\phantom{X_{01}} = 131{,}82$

Die Basisformel ergibt einen vorläufigen Verlustrücktrag in Höhe von 131,82 DM. Der vorläufige Verlustrücktrag ist dann im Hinblick auf die nicht in der Basisformel erfaßten Obergrenzen zu überprüfen.

Der Verlustrücktrag in das Jahr 01
- darf den Gesamtbetrag der Einkünfte im Jahr 01 nicht übersteigen (§ 10d Abs. 1 EStG). X_{01} ist kleiner 350. ✓
- darf ein Verlustrücktragsvolumen von 10 Mio. DM (Summe der Jahre 01 und 02) nicht übersteigen (§ 10d Abs. 1 EStG). ✓
- darf nicht größer als die steuerlich abzugsfähigen Verluste im Verlustentstehungsjahr 03 sein (§ 10d Abs. 1 EStG). ✓

2. Arbeitsschritt:
Überprüfen der Auswirkungen des vorläufig optimalen Verlustrücktrages nach 01 (X_{01}) in den Jahren 02 und 03.

Dazu ist zunächst der Bestand an vEK per 31.12.01 = 1.1.02 zu berechnen.
350 ./. 131,82 = 218,18 zu versteuerndes Einkommen 01 nach vorläufigem Verlustrücktrag
=> Zugang EK_{45} (218,18 · 0,55)   120 DM
    plus Anfangsbestand EK_{45} 50 DM
=> Bestand vor Verrechnung der s.n.a.A. in EK_{45} 170 DM
    170 ./. 60 s.n.a.A. ./. 110 oGA = 0
=> Der Bestand im EK_{45} am 31.12.01 ist   0 DM

Dann ist die Bedingung $Z_{02} \geq V_{02}$ zu überprüfen.
Auszugehen ist vom Anfangsbestand im EK_{45} im Jahr 02 in Höhe von 0, der sich nach vorläufigem Verlustrücktrag nach 01 ergibt.
Aus dem zu versteuernden Einkommen gemäß der Aufgabenstellung in Höhe von 50 ergibt sich ein Zugang im Jahr 02 zum EK_{45} in Höhe von 27,5; $GA_{02} = 70$; $s.n.a.A._{02} = 10$.

$$\underbrace{0 + 27{,}5}_{Z_{02}} \geq \underbrace{55 + 10}_{V_{02}}$$

$\Delta = 37,5$ => der vorläufige Rücktrag nach 01 ist aus Sicht des Jahres 02 um 37,5 / 0,55 = 68,18 zu hoch.

Dazu folgende Proberechnung:

131,82 (vorläufiger Rücktrag 01) ./. 68,18 = 63,64 vorläufiger korrigierter Verlustrücktrag

```
  350    E₀₁
-  63,64 vorläufiger korrigierter Verlustrücktrag nach 01
= 286,36 zu versteuerndes Einkommen 01


  157,5  EK₄₅-Zugang (286,36 ./. 45%) im Jahr 01
+  50    Anfangsbestand EK₄₅ im Jahr 01
= 207,5  verwendbares Eigenkapital am 31.12.01 vor Verrechnung der s.n.a.A.
-  60    s.n.a.A.
- 110    GA, die im nachrichtlichen Teil des Jahres 01 zu verrechnen sind
=  37,5  Bestand EK₄₅ am 31.12.01 = 1.1.02
+  27,5  EK₄₅-Zugang (50 ./. 45%) im Jahr 02
=  65    verwendbares Eigenkapital 31.12.02 vor s.n.a.A.
-  10    s.na.A.
-  55    GA, die im nachrichtlichen Teil des Jahres 02 zu verrechnen sind
=   0    Bestand EK₄₅ am 31.12.02 = 1.1.03
```

Da im nachrichtlichen Teil der Gliederungsrechnung am Ende des Jahres 03 keine Ausschüttungen zu verrechnen sind, ist der vorläufig korrigierte Verlustrücktrag gleich dem endgültigen Verlustrücktrag in das Jahr 01.

Von dem steuerlich abzugsfähigen Verlust des Jahres 03 in Höhe von 350 können nur 63,64 rückgetragen werden.

3. und 4. Arbeitsschritt:
Berechnung des Verlustrücktrages in das Jahr 02 und Überprüfen der Auswirkungen dieses Verlustrücktrages im Jahr 03.

Ein Verlustrücktrag in das Jahr 02 ist nicht möglich, da bereits die Bedingung (siehe die Überprüfung der Wirkung des vorläufigen Verlustrücktrages in das Jahr 01 in dem Jahr 02) nicht erfüllt ist.

ad b) Erstellen Sie die Gliederungsrechnung nach Verlustrücktrag per 31.12.03!

Aufgabe B.1		§ KStG	EK45	EK02
Bestand am 1.1.01		30	50	200
Zugänge zum vEK in 01 zu verst. Einkommen vor Verlustrücktrag ./. Verlustrücktrag	350 - 63,64	7 I, 8 I		
= zu verst. Einkommen nach Verlustrücktrag ./. 45 v.H. KSt	286,36 - 128,82	23 I		
= Zugang zum EK45	157,5		157,5	
Bei Verlust In dem Jahr, in dem ein Verlustrücktrag zu berücksichtigen ist a) Einstellung steuerlich rücktragsfähiger Verlust b) Anspruch auf KSt-Erstattung	63,64 28,64	33 I 89 III KStR		+ 63,64 - 28,64
Abzug der s.n.a.A.	60	31 I Nr. 4	- 60	
vEK am Schluß des Jahres 01		30	147,5	235
Nachrichtlicher Teil: Verringerung des vEK durch Ausschüttungen 1. oGA für 01 in 02 2. vGA in 01	140 -	28 II		
zusammen	140			
Dafür gelten folgende Teilbeträge als verwendet: Verwendung von EK45 (55/70) v. 140 KSt-Minderung (15/70) v. 140	110 30	28 III 27 I, 28 VI	- 110	
Bestand am 31.12.01 = 1.1.02		30	37,5	235
Zugänge zum vEK in 02 zu versteuerndes Einkommen ./. 45 v.H. KSt	50 - 22,5	7 I, 8 I 23 I		
= Zugang zum EK45	27,5		27,5	
Abzug der s.n.a.A.	10	31 I Nr. 4	- 10	
vEK am Schluß des Jahres 02			55	235
Nachrichtlicher Teil: Verringerung des vEK durch Ausschüttungen 1. oGA für 02 in 03 2. vGA in 02	70 -	28 II		
zusammen	70	78 III KStR		
Dafür gelten folgende Teilbeträge als verwendet: Verwendung von EK45 (55/70) v. 70 KSt-Minderung (15/70) v. 70	55 15	28 III S. 1 27 I	- 55	
Bestand am 31.12.02 = 1.1.03		30	0	235

Übung Teil B - Verlustverrechnung 135

Zugänge zum vEK in 03 zu versteuerndes Einkommen = Verlust	350	7 I, 8 I		
Bei Verlust In dem Jahr, in dem der Verlust eintritt a) steuerlicher Verlust b) Anspruch auf KSt-Erstattung aus Rücktrag	350 28,64	33 II 89 III KStR		- 350 + 28,64
vEK am Schluß des Jahres 03 = Bestand am 1.1.04	30		0	- 86,36

Erläuterung:

Zu beachten ist in der vorstehenden Gliederungsrechnung, daß in dem Jahr der Entstehung des steuerlichen Verlustes dieser in *vollem Umfang* negativ in das EK_{02} eingestellt wird. Dagegen wird in dem Jahr, in dem ein Verlustrücktrag zu berücksichtigen ist, nur der Verlustrücktrag negativ im EK_{02} berücksichtigt. Der im EK_{02} zu berücksichtigende Anspruch auf die Körperschaftsteuer-Erstattung ist im Rücktragsjahr und im Verlustentstehungsjahr selbstverständlich stets betragsgleich, allerdings mit wechselndem Vorzeichen. Die Differenz aus dem steuerlichen Verlustabzugspotential (hier: 350) und dem Verlustrücktrag (hier: 63,64) ist der Verlustvortrag. Wenn Sie im Beispiel den Anfangsbestand im EK_{02} am 1.1.01 auf 0 setzen, dann entspricht der Bestand im EK_{02} am 1.1.04 dem Verlustvortrag und damit dem zukünftigen Verlustabzugspotential aufgrund des steuerlichen Verlustes im Jahr 03.

Weiterführende Fragen:

- Was wäre zu beachten, wenn auch am Ende des Jahres 03 im nachrichtlichen Teil der Gliederungsrechnung Ausschüttungen erfolgt wären?
  Bei der Überprüfung der Auswirkungen des Verlustrücktrages nach 01 im Jahr 03 wäre diese Ausschüttung zu beachten. Eine Brutto-Dividende in Höhe von 20 DM, die im nachrichtlichen Teil des Jahres 03 zu verrechnen ist, würde zu einer Reduktion des Verlustrücktrages nach 01 in Höhe von 20 DM führen.
- Was passiert, wenn die Bedingung im Jahr 02 erfüllt wäre, beispielsweise weil das Einkommen im Jahr 02 nicht 50 DM, sondern 150 DM beträgt?
  Dann wäre zu überprüfen, ob ggf. auch noch ein Verlustrücktrag in das Jahr 02 möglich ist.
- Was wäre zu tun, wenn weder im Jahr 02 noch im Jahr 03 Ausschüttungen im nachrichtlichen Teil zu verrechnen wären?
  Der Verlustrücktrag in das Jahr 01 könnte bis zur Höhe des Gesamtbetrages der Einkünfte erfolgen, da keine Nachteile aus der Verrechnung resultieren würden. Der Ge-

samtbetrag der Einkünfte beträgt 350 DM. Da das Verlustabzugspotential als weitere Maximalgrenze des Verlustrücktrages aber nur 250 DM beträgt, ergibt sich der optimale Verlustrücktrag in Höhe von 250 DM. Eine Überprüfung der Bedingung für die Jahre 02 und/oder 03 entfällt selbstverständlich auch.

- Der § 28 Abs. 4 KStG schreibt die Verrechnung einer Ausschüttung mit EK_{02} vor, wenn EK_{45} und/oder EK_{30} später - nachträglich - nicht mehr ausreicht. Führt der optimale Verlustrücktrag zu einem Anwendungsfall des § 28 Abs. 4 KStG?

Nein, denn bei einem optimalen Verlustrücktrag, der mit Hilfe der Basisformel berechnet wurde, wird der Leerlaufeffekt ausgeschlossen.

Aufgabe B.2: Verlustrücktrag und Verlustvortrag

Die LOGO-AG hat dem Betriebsprüfer Luchs im Jahr 02 für das Jahr 01 folgende Gliederungsrechnung vorgelegt.

Legende		EK45	EK30	EK01	EK02	EK03
Bestand am 1.1.01		7.000	0	0	0	10.000
zu versteuerndes Einkommen 01 ./. KSt 45 v.H.	0 0					
= Zugang EK45	0	0				
steuerfreie ausländische Einkünfte	100.000			100.000		
vEK am Schluß des Jahres 01		7.000	0	100.000	0	10.000
Nachrichtlicher Teil: offene Gewinnausschüttung in 02 für 01 Verwendung EK45 Verwendung von EK01	108.909 7.000 100.000	-7.000		-100.000		
Bestand am 31.12.01 = 1.1.02		0	0	0	0	10.000

Im Jahr 02 erzielt die AG ein zu versteuerndes Einkommen in Höhe von 181.819 DM. Bei der Ermittlung des zu versteuernden Einkommens wurden Körperschaftsteuer-Vorauszahlungen in Höhe von 10.000 DM sowie Vermögensteuer in Höhe von 10.000 DM berücksichtigt. Außerdem beschließt die Hauptversammlung eine offene Gewinnausschüttung

Übung Teil B - Verlustverrechnung

für das Jahr 01 in Höhe von 108.909 DM, die in der Gliederungsrechnung der Aufgabenstellung bereits berücksichtigt wurde.
Im Jahr 03 weist die LOGO-AG einen Bilanz-Verlust in Höhe von 120.000 DM aus. Auf der Passivseite der Bilanz wurden Körperschaftsteuer-Vorauszahlungen in Höhe von 10.000 DM sowie Vermögensteuer in Höhe von 10.000 DM berücksichtigt. Um die Dividendenkontinuität zu wahren, beschließt die Hauptversammlung auch für das Jahr 02 eine (allerdings gegenüber den Vorjahren reduzierte) offene Gewinnausschüttung in Höhe von 44.545 DM.
Zu Beginn des Jahres 04 zeigen sich die Geschäfte der AG erholt. Die Bar-Dividende für das Jahr 03 beträgt deshalb erneut 44.545 DM.

Aufgaben:
a) Wie sollte die Logo-AG den Bilanz-Verlust des Jahres 03 berücksichtigen?
b) Helfen Sie der Steuerabteilung der LOGO-AG bei der Erstellung der Gliederungsrechnung für den 1.1.04 !
c) Im Jahr 03 wird ein steuerlicher Verlust in Höhe von 100.000 ausgewiesen. Von diesem Verlustabzugspotential werden jedoch nur 18.182 rückgetragen. Erstellen Sie die Gliederungsrechnung für den 1.1.05 unter der Prämisse, daß im Jahr 04 der Gesamtbetrag der Einkünfte 181.818 beträgt nach Berücksichtigung von Vermögensteuer als nichtabziehbare Aufwendung in Höhe von 20.000!

Lösungen:

ad a) Wie sollte die Logo-AG den Bilanz-Verlust des Jahres 03 berücksichtigen?

1. Berechnung des Verlustabzugspotential des Jahres 03:

Steuerbilanzverlust	-120.000 DM
+ n.a.A. VSt § 10 Nr. 2 KStG	+ 10.000 DM
+ n.a.A. KSt § 10 Nr. 4 KStG	+ 10.000 DM
= Steuerlicher Verlust des Jahres 03	100.000 DM

Der steuerliche Verlust des Jahres 03 in Höhe von 100.000 ist aus Sicht des Verlustentstehungsjahres gemäß § 10d EStG i.V.m. § 8 Abs. 1 KStG in vollem Umfang rücktragsfähig.

2. a) *Berechnung der Höhe des optimalen Verlustrücktrages in das Jahr 01*

Man muß immer zunächst mit dem zweiten dem Verlustentstehungsjahr vorangegangenen Veranlagungszeitraum (hier: Jahr 01) beginnen.

Zunächst ist die Basisformel für das Jahr 01 anzuwenden:

$X_{01} = [A_{01} + (E_{01} \cdot 0{,}55) - \text{s.n.a.A.}_{01} - G_{01}] / 0{,}55$

$X_{01} = [7.000 + 0 - 0 - 7.000] / 0{,}55$

$X_{01} = 0$ In das Jahr 01 ist kein Verlustrücktrag möglich.

Anmerkung: Die G_{01} sind nur in Höhe von **7.000** zu berücksichtigen, da durch § 28 Abs. 5 KStG die Verwendung von EK_{01} in Höhe von 100.000 festgeschrieben wird. Wäre durch eine Betriebsprüfung im Jahr 03 eine verdeckte Gewinnausschüttung im Jahr 01 aufgedeckt worden, so wären 55/70 des vGA-Betrages (= Bar-Dividende) auf die G_{01} = 7.000 aufzuschlagen.

Alternativ zu dieser Rechnung: Ist der Gesamtbetrag der Einkünfte in einem geplanten Verlustrücktragsjahr 0, dann ist kein Verlustrücktrag möglich.

2. b) *Berechnung der Höhe des optimalen Verlustrücktrages in das Jahr 02*

Die Fortschreibung des Bestandes in EK_{45} über das Jahr 01 ergibt einen Anfangsbestand per 1.1.02 in Höhe von 0.

Die Anwendung der Basisformel ergibt für das Jahr 02:

$X_{02} = [A_{02} + (E_{02} \cdot 0{,}55) - \textbf{s.n.a.A.}_{02} - G_{02}] / 0{,}55$

$X_{02} = [0 + 100.000 - \textbf{10.000} - 35.000] / 0{,}$

$X_{02} = 55.000 / 0{,}55$

$X_{02} = 100.000$

Anmerkung: Zu beachten ist, daß s.n.a.A. nur in Höhe 10.000 zu berücksichtigen sind. Die Körperschaftsteuer-Vorauszahlung ist zwar eine nichtabziehbare Aufwendung i.S. des § 10 KStG, aber keine sonstige nichtabziehbare Ausgabe i.S. des § 31 Abs. 1 Nr. 4 KStG.

Der Verlustrücktrag in das Jahr 02
- darf den Gesamtbetrag der Einkünfte im Jahr 02 nicht übersteigen (§ 10d Abs. 1 EStG). ✓
- darf ein Verlustrücktragsvolumen von 10 Mio. DM (Summe der Jahre 01 und 02) nicht übersteigen (§ 10d Abs. 1 EStG). ✓
- darf nicht größer als die steuerlich abzugsfähigen Verluste im Verlustentstehungsjahr 03 sein (§ 10d Abs. 1 EStG). ✓

Die Kontrolle der Auswirkungen des Verlustrücktrages in Höhe von 100.000 nach 02 im Jahr 03:

$A_{03} = A_{02} + [E_{02} - X_{02} \cdot 0{,}55] - \text{s.n.a.A.}_{03} - G_{03}$

$A_{03} = 0 \quad + [(181.819 - 100.000) \cdot 0{,}55] - 45.000$

$A_{03} = 0$

Die Bedingung: $A_{03} + [E_{03} \cdot 0{,}55] \geq \text{s.n.a.A.}_{03} + G_{03}$

Nach der Aufgabenstellung sind s.n.a.A. in Höhe von 10.000 und Gewinnausschüttungen in Höhe von $G_{03} = 35.000$ zu berücksichtigen. Außerdem: $A_{03} = 0$, sowie, da das Jahr 03 Verlustentstehungsjahr ist, $E_{03} = 0$.

Und damit: $\quad\quad\quad 0 \geq 10.000 \quad + 35.000$

Die Bedingung ist folglich nicht erfüllt. Der Anfangsbestand plus die Zugänge im Jahr 03 ist nicht größer/gleich als die s.n.a.A. plus die Gewinnausschüttungen im Jahr 03. Der Verlustrücktrag kann nicht in Höhe von 100.000 DM in das Jahr 02 durchgeführt werden, sondern ist um den Unterschiedsbetrag in Höhe von 45.000 / 0,55 DM = 81.812 zu kürzen.

Damit ergibt sich der korrigierte optimale Verlustrücktrag in das Jahr 02 aus
$X_{02} = 100.000 - 81.818 = 18.182 \text{ DM}$.

Die erneute Kontrolle für das Jahr 03 beginnt mit dem korrigierten Anfangsbestand im EK_{45}.

$A_{03} = A_{02} + [(E_{02} - X_{02}) \cdot 0{,}55] - \text{s.n.a.A.}_{03} - G_{03}$

$A_{03} = 0 \quad + [(181.819 - 18.182) \cdot 0{,}55] - 45.000$

$A_{03} = 90.000 - 45.000$

$A_{03} = 45.000$

Erneute Prüfung der Bedingung im Jahr 03: $A_{03} + [E_{03} \cdot 0{,}55] \geq$ s.n.a.$A._{03} + G_{03}$
S.n.a.$A._{03}$ sind in Höhe von 10.000 zu berücksichtigen. Außerdem beträgt G_{03} = 35.000.
Folglich ergibt sich für die Bedingung im Jahr 03:   45.000 $\geq$ 10.000   + 35.000.
Die Bedingung ist im Jahr 03 nach erfolgter Korrektur des Verlustrücktrages in das Jahr 02 erfüllt.

Der LOGO-AG wird deshalb empfohlen, einen Verlustrücktrag in das Jahr 02 in Höhe von 18.181 DM vorzunehmen.

ad b) Helfen Sie der Steuerabteilung der LOGO-AG bei der Erstellung der Gliederungsrechnung für den 1.1.04!

Aufgabe B.2 b)		§ KStG	EK45	EK01	EK02	EK03
Bestand am 1.1.01		30	7.000	0	0	10.000
Einkommen 01	0	7 I, 8 I				
./. Verlustverrechnung aus 03	0					
= zu versteuerndes Einkommen	0					
./. KSt 45 v.H.	0	23 I				
= Zugang EK45	0		0			
II. steuerfreie ausländ. Einkünfte	100.000	30 II Nr. 2		100.000		
vEK am Schluß des Jahres 01			7.000	100.000	0	10.000
Nachrichtlicher Teil: offene GA in 02 für 01	108.909	28 II S. 1				
Verwendung EK45	7.000	28 III	-7.000			
KSt-Minderung (15/55 · 7.000)	1.909	28 VI				
Verwendung EK01	100.000	28 III		-100.000		
keine KSt-Änderung	-	40 S. 1 Nr. 1				
	0					
Bestand am 31.12.01 = 1.1.02			0	0	0	10.000

Übung Teil B - Verlustverrechnung

Einkommen 02 ./. Verlustverrechnung aus 03	181.819 18.182	10d EStG i.V.m. 8 I				
= zu versteuerndes Einkommen ./. KSt 45 v.H.	163.637 73.637	7 I, 8 I 23 I				
= Zugang EK 45	90.000		90.000			
s.n.a.A.	10.000	31 I Nr. 4	-10.000			
Bei Verlust In dem Jahr, in dem ein Verlust- rücktrag zu berücksichtigen ist a) Einstellung steuerlich rück- tragsfähiger Verlust b) Anspruch auf KSt-Erstattung	18.182 8.182	33 II 89 III KStR			+18.182 - 8.182	
vEK am Schluß des Jahres 02			80.000	0	10.000	10.000
Nachrichtlicher Teil: offene GA in 03 für 02 Verwendung von EK45 (55/70) · 44.545 KSt-Minderung (15/70) · 44.545	44.545 35.000 9.545	28 II S. 1 28 III 27 I, 28 VI	-35.000			
Bestand am 31.12.02 = 1.1.03			45.000	0	10.000	10.000
Einkommen 03 Verlust + n.a.A. (VSt + KStVz)	120.000 20.000	10 Nr. 2				
= steuerlicher Verlust	100.000					
s.n.a.A. Vermögensteuer	10.000	31 I Nr. 4	-10.000			
Bei Verlust In dem Jahr, in dem der Verlust eintritt a) steuerlicher Verlust b) Anspruch auf Körperschaft- steuer-Erstattung aus dem Verlustrücktrag	100.000 8.182	33 I 89 III KStR			- 100.000 + 8.182	
vEK am Schluß des Jahres 03			35.000	0	- 81.818	10.000
Nachrichtlicher Teil: offene GA in 04 für 03	44.545	28 II S. 1				
Verwendung von EK45 EK45-Entnahme (55/70) · 44.545 KSt-Minderung (15/55) · 35.000	35.000 9.545	28 III 27 I, 28 VI	-35.000			
Bestand am 31.12.03 = 1.1.04			0	0	- 81.818	10.000

ad c) Im Jahr 03 wird ein steuerlicher Verlust in Höhe von 100.000 ausgewiesen. Von diesem Verlustabzugspotential werden jedoch nur 18.182 rückgetragen. Erstellen Sie die Gliederungsrechnung für den 1.1.05 unter der Prämisse, daß im Jahr 04 der Gesamtbetrag der Einkünfte 181.818 beträgt nach Berücksichtigung von Vermögensteuer als nichtabziehbare Aufwendung in Höhe von 20.000!

Aufgabe B.2 c)		§ KStG	EK45	EK01	EK02	EK03
Bestand 1.1.04		30	0	0	- 81.818	10.000
Zugang zum vEK 04: Bilanzgewinn	161.818					
+ n.a.A. Vermögensteuer	+ 20.000	10 Nr. 2				
./. Verlustvortrag	- 81.818	10d EStG i.V.m. 8 I				
= zu versteuerndes Einkommen	100.000	7 I, 8 I				
./. 45% KSt	45.000	23 I				
= Zugang zu EK45	55.000		55.000			
s.n.a.A. Vermögensteuer		§ 31 Nr. 4	-20.000			
Bei Verlust In dem Jahr, in dem ein Verlustvortrag zu berücksichtigen ist.	81.818	§ 33 II			+ 81.818	
vEK 31.12.04			35.000	0	0	10.000
Nachrichtlicher Teil: keine Angaben						
Bestand 31.12.04 = 1.1.05			35.000	0	0	10.000

Durch die Freistellung von Einkommen in Höhe von 81.818 im Jahr 04 im Wege des Verlustvortrages reduziert sich die Körperschaftsteuer um 36.818 (45% von 81.818). Addiert man dazu den Körperschaftsteuer-Erstattungsanspruch aus dem Verlustrücktrag in das Jahr 02 in Höhe von 8.182, so führt die intertemporäre Verrechnung des Verlustabzugspotentiales des Jahres 03 zu einer gegenüber der Situation ohne Verlustverrechnung verringerten Körperschaftsteuer-Zahlung in Höhe von 45.000. Das steuerliche Verlustabzugspotential ist damit - optimal - ausgeschöpft.

2. Die körperschaftsteuerliche Organschaft

Eine Organschaft liegt vor, wenn eine Kapitalgesellschaft, die grundsätzlich zivil- und steuerrechtlich selbständig zu behandeln ist, zu einem anderen gewerblichen Unternehmen in einem Unterordnungsverhältnis steht. Durch dieses Unterordnungsverhältnis muß die Kapitalgesellschaft als wirtschaftlich unselbständig in ihrer wirtschaftlichen Betätigung erscheinen.

Neben der körperschaftsteuerlichen Organschaft gibt es auch die umsatzsteuerliche und die gewerbesteuerliche Organschaft. Die Voraussetzungen für das Vorliegen sind jedoch unterschiedlich. Die folgenden Ausführungen konzentrieren sich daher auf die körperschaftsteuerliche Organschaft.

Der Reiz einer körperschaftsteuerlichen Organschaft bestand bis zur Körperschaftsteuerreform 1977 in der Vermeidung der wirtschaftlichen Doppelbelastung des Organergebnisses mit Körperschaftsteuer beim abhängigen, untergeordneten Unternehmen (Organgesellschaft) und mit Einkommensteuer bzw. Körperschaftsteuer beim übergeordneten Unternehmen (Organträger). Dieser Gesichtspunkt spielt, nachdem das Anrechnungsverfahren die Doppelbelastung beseitigt hat, keine Rolle mehr.

Dennoch weist das körperschaftsteuerliche Organverhältnis weiterhin steuerliche Vorteile auf:

1. Die Gewinne und die Verluste von rechtlich selbständigen Konzerngesellschaften, die im Organschaftsverbund stehen, können untereinander ausgeglichen werden.
2. Soweit in der Vergangenheit Teilbeträge des verwendbaren Eigenkapitals zur Verrechnung von Ausschüttungen herangezogen wurden, deren Zugänge aus steuerfreien Einnahmen stammten, war die Ausschüttungsbelastung herzustellen. Dadurch ging die Steuerfreiheit verloren. Durch die Einrichtung eines Organverhältnisses und die damit verbundene Zurechnung des Einkommens der Organgesellschaft beim Organträger konnten steuerfreie Einnahmen der Organgesellschaft der Muttergesellschaft steuerfrei zugute kommen. Es kam zu Zins- und Liquiditätsvorteilen. Jedoch: Die Bedeutung dieses Aspektes hat stark abgenommen, da durch eine Änderung des § 40 KStG die Ausnahme von der Herstellung der Ausschüttungsbelastung von EK_{04} auch auf das EK_{01} ausgedehnt wurde. Werden außerhalb eines Organverhältnisses EK_0-Teilbeträge für eine Ausschüttung verwendet, so kommt es heute nur noch in Zusammenhang mit einer Verrechnung von EK_{03} oder EK_{02} zu einer Körperschaftsteuer-Erhöhung. Das in EK_{03} ausgewiesene „Altkapital", dessen Zugang vor 1977 erfolgte und damit über 20 Jahre zurückliegt, hat nur eine geringe Bedeutung. Im EK_{02} werden lediglich die sonstigen steuerfreien Vermögensmehrungen erfaßt.

3. Ist der Organträger eine Personengesellschaft, so werden auch die thesaurierten Gewinne und nichtabziehbaren Aufwendungen der Kapitalgesellschaft nur mit den für die Besteuerung der Inhaber des Personenunternehmens maßgeblichen Steuersätzen besteuert, während diese Beträge ohne das Vorliegen der Organschaft mit definitiver Körperschaftsteuer belastet wären, die nicht angerechnet wird.

2.1 Voraussetzungen für die Annahme eines Organverhältnisses

2.1.1 Organ und Organträger

Als *Organgesellschaft* kommen *nur* Kapitalgesellschaften in Betracht (§§ 14, 17 KStG), die ihren Sitz **und** ihre Geschäftsleitung im Inland haben.

Als *Organträger* kommt jedes inländische gewerbliche Unternehmen in Frage, gleichgültig, in welcher Rechtsform es geführt wird. Ein gewerbliches Unternehmen liegt vor, wenn die Voraussetzungen für einen Gewerbebetrieb des § 2 GewStG erfüllt sind (siehe insbesondere die Aufzählung des § 2 Abs. 2 GewStG). Organträger können also sein: Natürliche Personen, Personengesellschaften, Kapitalgesellschaften und andere rechtsfähige oder nicht rechtsfähige Körperschaften, Personenvereinigungen oder Vermögensmassen i.S. des § 1 KStG.

Ist der Organträger eine natürliche Person, so muß diese grundsätzlich unbeschränkt einkommensteuerpflichtig sein; ist der Organträger eine Personengesellschaft, eine Kapitalgesellschaft oder eine andere Körperschaft, Personenvereinigung oder Vermögensmasse i.S. des § 1 KStG, so muß diese grundsätzlich ihren Sitz und ihre Geschäftsleitung im Inland haben (vgl. § 14 Nr. 3 KStG).

2.1.2 Unterordnungsverhältnis und Gewinnabführungsvertrag

Verpflichtet sich eine Kapitalgesellschaft (Organgesellschaft) mit Sitz und Geschäftsleitung im Inland durch einen Gewinnabführungsvertrag i.S. des § 291 Abs. 1 AktG ihren ganzen Gewinn an ein anderes inländisches, gewerbliches Unternehmen abzuführen, so ist das Einkommen der Organgesellschaft dem Organträger zuzurechnen, wenn neben dem Gewinnabführungsvertrag ein Unterordnungsverhältnis besteht, das durch eine finanzielle, organisatorische und wirtschaftliche Eingliederung gekennzeichnet ist. Insgesamt sind also vier Faktoren zu beachten, die nur, wenn sie gemeinsam erfüllt sind, eine körperschaftsteuerliche Organschaft begründen.

1. Finanzielle Eingliederung (§ 14 Nr. 1 KStG, Abschn. 49 KStR 1995)

Der Organträger (OT) ist im Sinne der finanziellen Eingliederung an der Organgesellschaft (OG) beteiligt, wenn ihm die Mehrheit der Stimmrechte an den Anteilen an der Organgesellschaft zusteht.

Die finanzielle Eingliederung setzt voraus, daß der Organträger
- vom Beginn des Wirtschaftsjahres an ununterbrochen
- und i.d.R. unmittelbar (d.h. selbst)
- mehr als 50% der Stimmrechte hält.

2. Organisatorische Eingliederung (§ 14 Nr. 2 KStG, Abschn. 51 KStR 1995)

Die organisatorische Eingliederung ist gegeben, wenn
- die Leitung der OG durch einen Beherrschungsvertrag (i.S. des § 291 AktG) der Leitung des OT unterstellt ist.
- die OG eine eingegliederte Gesellschaft i.S. der §§ 319 bis 327 AktG ist.
- Mit der Eingliederung erhält der OT das Recht, dem Vorstand der OG Weisungen zu erteilen.
- in anderer Weise gewährleistet ist, daß in der Geschäftsführung der OG der Wille des OT tatsächlich durchgeführt wird.

Die stärkste Form der organisatorischen Eingliederung ist die Personalunion der Leitung.

3. Wirtschaftliche Eingliederung (§ 14 Nr. 2 KStG, Abschn. 50 KStR 1995)

Das KStG enthält hierzu keine Definition. Es wird in der Rechtsprechung aber auf eine wirtschaftliche Zweckabhängigkeit des beherrschten von dem beherrschenden Unternehmen abgestellt. D.h. das beherrschte Unternehmen muß die gewerblichen Zwecke des beherrschenden Unternehmens fördern oder ergänzen.

Nur wenn alle diese drei Voraussetzungen erfüllt sind, liegt eine Eingliederung der OG in den OT vor. Liegt eine finanzielle, wirtschaftliche und organisatorische Eingliederung der Organgesellschaft in den Organträger vor, so spricht man von einem Unterordnungsverhältnis. Erst wenn zu diesem Unterordnungsverhältnis ein Gewinnabführungsvertrag hinzukommt, liegt eine körperschaftsteuerliche Organschaft vor.

4. Gewinnabführungsvertrag (§ 14 Nr. 4 KStG, Abschn. 55 KStR 1995)

Dem Gewinnabführungsvertrag kommt die zentrale Bedeutung zu, da er die Voraussetzung dafür schafft, daß das Einkommen der OG dem OT zugerechnet wird und bei diesem auch versteuert wird. Der Gewinnabführungsvertrag muß bestimmten formellen und inhaltlichen Anforderungen gerecht werden, z.B. muß er für mindestens 5 Jahre abgeschlossen werden und bis zum Ende des folgenden Wirtschaftsjahres wirksam werden.

Übersicht 18: Die körperschaftsteuerliche Organschaft

Organgesellschaft	Organverhältnis	Organträger
Sie muß Kapitalgesellschaft in der Rechtsform AG, KGaA, GmbH, bergrechtliche Gewerkschaft sein (§ 14 Abs. 1, 17 KStG) Geschäftsleitung **und** Sitz müssen im Inland liegen	Voraussetzungen: Es muß ein Unterordnungsverhältnis vorliegen. Drei verschiedene Kriterien sind zu prüfen: 1. Finanzielle Eingliederung 2. Organisatorische Eingliederung 3. Wirtschaftliche Eingliederung Gewinnabführungsvertrag muß bestehen.	Er kann Körperschaft i.S. des § 1 KStG als auch PersG i.S. des § 15 Abs. 1 Nr. 2 EStG sein (siehe § 14 Nr. 3 KStG im einzelnen). Geschäftsleitung **und** Sitz müssen im Inland liegen.

2.2 Besonderheiten der körperschaftsteuerlichen Organschaft

2.2.1 Einkommen

Die OG und auch der OT behalten auch nach Abschluß eines Gewinnabführungsvertrages ihre zivilrechtliche und körperschaftsteuerrechtliche Selbständigkeit. D.h. die OG und der OT stellen ihre Jahresabschlüsse getrennt auf und ermitteln ihre Gewinne bzw. (soweit nicht das gesamte Einkommen der OG dem OT zugerechnet wird) das zu versteuernde Einkommen ebenfalls getrennt. Das Einkommen der OG ist gesondert zu ermitteln, weil sie trotz der organschaftlichen Bindungen ein selbständiges Steuersubjekt bleibt.

Nach § 14 KStG ist bei Vorliegen aller genannten vier Voraussetzungen einer körperschaftsteuerlichen Organschaft das Einkommen der OG dem OT zuzurechnen. Die Ausnahme findet sich in § 16 KStG: Die OG hat das Einkommen in Höhe der geleisteten Ausgleichszahlungen und der darauf entfallenden Ausschüttungsbelastung selbst zu versteuern. Gegenstand der Zurechnung ist nicht die handelsrechtliche Gewinnabführung, sondern das nach den allgemeinen steuerrechtlichen Bestimmungen ermittelte Einkommen.

Das Einkommen der Organgesellschaft ist dem Organträger für das Kalenderjahr (= Veranlagungszeitraum) zuzurechnen, in dem die Organgesellschaft das Einkommen bezogen hat.

Organschaft 147

Dieser Grundsatz ist auch dann zu beachten, wenn das Wirtschaftsjahr der Organgesellschaft und des Organträgers voneinander abweichen.

Beispiel 1: Zurechnung des Einkommens der OG beim OT

Der Organträger ist mit 100% an der OG beteiligt.
Ausgleichszahlungen erfolgen nicht.

a) Ermittlung des Einkommens der Organgesellschaft

Bilanz-Gewinn der OG	0
+ als Betriebsausgabe abgezogene Verpflichtung aus Gewinnabführung	30.500
+ Vermögensteuer	+ 7.500
./. steuerfreie ausländische Einkünfte	- 10.000
= Einkommen der Organgesellschaft	28.000
davon von der OG zu versteuern	0
= vom Organträger zu versteuerndes Einkommen der OG	28.000

b) Ermittlung des zu versteuernden Einkommens des Organträgers:

Bilanzgewinn des Organträgers	115.500
./. im Bilanzgewinn enthaltene Gewinnabführung der OG	- 30.500
+ Vermögensteuer	+ 15.000
Eigenes Einkommen des Organträgers	100.000
+ vom Organträger zu versteuerndes Einkommen der OG	+ 28.000
= vom Organträger zu versteuerndes Einkommen	128.000

c) Gliederungsrechnung des OT

Beispiel 1, Zurechnung des Einkommens der OG bei OT		§ KStG	EK45	EK01
Bestand am 1.1.01		30	0	0
Zugänge zum vEK in 01 Zuzurechnendes Einkommen der OG Eigenes Einkommen OT	28.000 100.000	36		
= zu verst. Einkommen OT ./. 45 v.H. KSt	128.000 57.600	7 I, 8 I 23 I		
= Zugang zum EK45	70.400		70.400	
Steuerfreie ausländische Einkünfte der OG		30 II Nr. 1 91 III KStR		+ 10.000
Abzug der s.n.a.A. Eigene Vermögensteuer des OT Vermögensteuer der OG		31 I 4 91 I KStR	15.000 7.500	
vEK am Schluß des Jahres 01		30	47.900	+ 10.000

2.2.2 Ausgleichszahlungen

Die Rechtsfolgen der Organschaft werden von dem Grundsatz bestimmt, daß das gesamte Einkommen der OG dem OT zur Versteuerung zuzurechnen ist. Dieser Grundsatz hat jedoch eine gewichtige Ausnahme:
Sind neben dem Organträger noch außenstehende Dritte an der Organgesellschaft beteiligt, so werden die Gewinnausschüttungen der Organgesellschaft an diese (aus der Sicht der Organschaft) außenstehenden Anteilseigner als Ausgleichszahlungen bezeichnet.
Die Ausgleichszahlungen und die darauf entfallende Ausschüttungsbelastung (3/7) sind nach § 16 KStG stets von der Organgesellschaft zu versteuern.
Das von der Organgesellschaft selbst zu versteuernde Einkommen (also die Ausgleichszahlung plus die darauf liegende Ausschüttungsbelastung) unterliegt stets dem Tarifsteuersatz des § 23 Abs. 1 KStG, also 45%.
Da die OG die Ausgleichszahlung stets selbst versteuert, ist dem OT nur das um die Ausgleichszahlung plus Ausschüttungsbelastung verminderte Einkommen der OG zuzurechnen. Leistet die Organgesellschaft trotz eines steuerlichen Verlustes eine Ausgleichszahlung, so erhöht sich ihr dem Organträger zuzurechnendes negatives Einkommen.

Durch eine Ausgleichszahlung, die von der Organgesellschaft selbst zu versteuern ist, kommt es in der Gliederungsrechnung der OG folglich zu einem Zugang in EK_{45}. Die Verrechnung der Ausgleichszahlung erfolgt wie eine offene Gewinnausschüttung des Organs. Dabei gilt wie gewohnt die Reihenfolgefiktion des § 28 Abs. 3 KStG. Auf Antrag ist es der OG gestattet, aus Billigkeitsgründen die Ausgleichszahlung unter Aussetzung von § 28 Abs. 3 KStG mit EK_{45} zu verrechnen, auch wenn dieses dadurch negativ wird (vgl. Abschn. 92 Abs. 3 S. 3 und S. 4 KStR 1995).

Besonderer Aspekt: Die Ausgleichszahlung kann sowohl von der OG als auch von dem OT an außenstehende Anteilseigner gezahlt werden.

Die *Höhe* des zu versteuernden Einkommens der OG bleibt davon unberührt, d.h. das zu versteuernde Einkommen der OG ergibt sich *stets* in Höhe der Ausgleichszahlung plus der Ausschüttungsbelastung darauf (also unabhängig davon, wer die Ausgleichszahlung tatsächlich erbringt).

Übersicht 19: Ausgleichszahlungen bei der Organgesellschaft

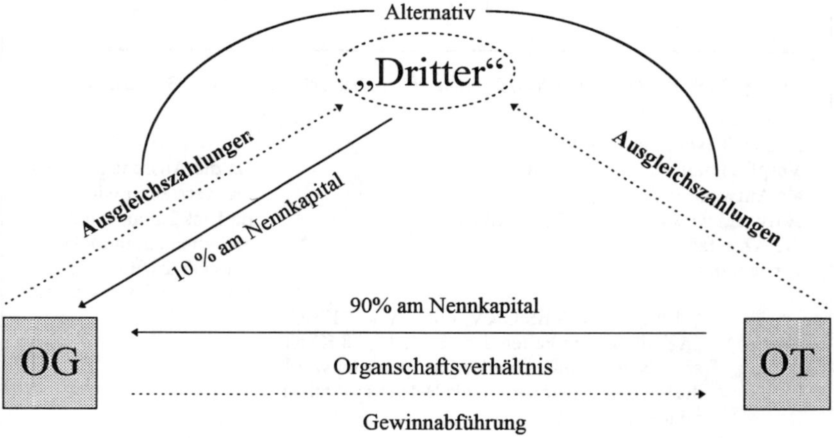

Wie die beiden nachstehenden Kasten zeigen, ist die *Vorgehensweise bei der Ermittlung* des zu versteuernden Einkommens des OT jedoch davon abhängig, ob der OT oder die OG selbst die Ausgleichszahlung an Dritte gezahlt hat:

- **Hat die OG selbst die Ausgleichszahlungen zu Lasten ihres Gewinns geleistet**, ist dem OT das um die Ausgleichszahlungen und die darauf entfallende Ausschüttungsbelastung verminderte Einkommen der Organgesellschaft zuzurechnen.

- **Hat dagegen der OT die Ausgleichszahlungen geleistet**, so gilt folgendes (Abschn. 63 Abs. 2 S. 3 KStR ...):

  Nr. 1: Die Organgesellschaft hat dennoch die Ausgleichszahlung plus die Ausschüttungsbelastung zu versteuern.

  Nr. 2: Das Einkommen des OT wird um die Ausgleichszahlungen vermindert. Die Begründung dazu: Da das Einkommen der OG, das in diesem Fall nicht durch die aufwandswirksame Verrechnung von Ausgleichszahlungen im Jahresüberschuß der OG gemindert wurde, dem OT zugerechnet wird, wird durch die Kürzung des Einkommens aufgrund des Abschn. 63 KStR 1995 beim OT eine doppelte Belastung vermieden (siehe die Erläuterungen unten).

  Nr. 3: Das von der OG erwirtschaftete Einkommen, vermindert um die Ausschüttungsbelastung nach Nummer 2, ist dem Organträger nach § 14 KStG zuzurechnen. Begründung: Die Ausschüttungsbelastung auf die Ausgleichszahlung (AusschbelAZ) wird bei der OG als Aufwand gebucht, da die Ausgleichszahlungen stets von der OG zu versteuern sind.

  Das zu versteuernde Einkommen des OT ergibt sich damit aus:

  Abschn. 63 Abs. 3 ... KStR
  Nr. 2   Nr. 3

  zu verst. Eink. des OT = JÜ + Verpflichtung zur AZ bei OG - AZ + EinkOG - AusschbelAZ
  („-")

  Beim OT wurde im Jahr 01 die Verpflichtung zur AZ bei der OG als Aufwand verbucht („-"). Nicht als Aufwand wird bei dem OT die KSt auf die AZ erfaßt, weil AZ bei OG zu versteuern ist

  Da die AusschbelAZ bei OG versteuert wird, aber im EinkOG als n.a.A. enthalten ist, muß das dem OT zuzurechnende EinkOG gekürzt werden

  § 4 Abs. 5 Nr. 9 EStG i.V. mit 8 Abs. 1 KStG „AZ, die in den Fällen der §§ 14, 17, 18 KStG an außenstehende Anteilseigner geleistet werden, dürfen den Gewinn nicht als Betriebsausgaben mindern." („+")

  Die Zeichen („-") und („+") beziehen sich auf die AZ und zeigen: Per Saldo wird das zu versteuernde Einkommen des OT um die AZ vermindert, die ja bei der OG steuerlich erfaßt wird.

Beispiel 2: Zurechnung des Einkommens der OG beim OT, Ausgleichszahlung

Ausgleichszahlungen erfolgen an außenstehende Dritte und werden von der Organgesellschaft selbst erbracht.

a) Ermittlung des Einkommens der Organgesellschaft

Bilanzgewinn der OG	0
+ Vermögensteuer	+ 7.500
- steuerfreie ausländische Einkünfte	- 10.000
+ als Betriebsausgabe abgezogene Verpflichtung aus Gewinnabführung an den OT (§ 8 Abs. 3 S. 1 KStG)	+ 30.500
+ als Betriebsausgabe abgezogene Verpflichtung zur Leistung von Ausgleichszahlungen (§ 4 Abs. 5 Nr. 9 EStG)	+ 1.750
+ auf die Ausgleichszahlung entfallende KSt (3/7)	+ 750
= Einkommen der Organgesellschaft	30.500

./. davon von der OG selbst zu versteuern:		
Ausgleichszahlung	1.750	
+ auf die Ausgleichszahlung entfallende KSt (3/7)	750	
	2.500	- 2.500
= Vom Organträger zu versteuerndes Einkommen der OG		28.000

b) Ermittlung des zu versteuernden Einkommens des Organträgers

Jahresüberschuß des Organträgers	115.500
+ darin enthaltene Vermögensteuer	+ 15.000
./. im Jahresüberschuß des Organträgers ausgewiesener Gewinnabführungsanspruch der OG	- 30.500
= eigenes Einkommen des Organträgers	100.000
+ vom Organträger zu versteuerndes Einkommen der OG	+ 28.000
= vom Organträger zu versteuerndes Einkommen	128.000

Der im Jahresüberschuß des OT ausgewiesene Gewinnabführungsanspruch muß hier abgezogen werden, da die Gewinnabführungsverpflichtung das Einkommen der OG nicht mindern darf. Zur Erinnerung: Gemäß § 8 Abs. 3 S. 1 KStG ist es für die Ermittlung des Einkommens ohne Bedeutung, ob das Einkommen verteilt wird. Ohne diesen Abzug bei der Ermittlung des Einkommens des OT würde die Gewinnabführungsverpflichtung der OG doppelt in das zu versteuernde Einkommen des OT eingehen.

c) Gliederungsrechnung der OG

Beispiel 2, Gliederungsrechnung der OG mit Ausgleichszahlung		§ KStG	EK45	EK01
Bestand 31.12.00		30	0	0
Zugänge zum vEK in 01 Eigenes Einkommen OG	2.500	16		
= zu verst. Einkommen OG ./. 45 v.H. KSt	2.500 - 1.125	7 I, 8 I 23 I		
= Zugang zum EK45	- 1.375		1.375	
vEK 31.12.01		30	1.375	0
Nachrichtlicher Teil: Ausgleichszahlung 1.750 (=Bar-Dividende) EK45-Entnahme 1.750 · 55/70 =	1.375	Abschn. 92 III KStR	- 1.375	
Bestand 31.12.01 = 1.1.02		30	0	0

d) Gliederungsrechnung des OT

Beispiel 2, Gliederungsrechnung des OT: Zurechnung des Einkommens der OG bei OT mit Ausgleichszahlung		§ KStG	EK45	EK01
Bestand am 31.12.00		30	0	0

Zugänge zum vEK in 01
   Zuzurechnendes Einkommen der OG
   Eigenes Einkommen OT
	28.000
	100.000
		36		

= zu verst. Einkommen OT ./. 45 v.H. KSt	128.000 - 57.600	7 I, 8 I 23 I		
= Zugang zum EK45	70.400		70.400	
Steuerfreie ausländ. Einkünfte der OG		30 II Nr. 1, 91 III KStR		+ 10.000

Abzug der s.n.a.A.
   Eigene Vermögensteuer des OT
   Vermögensteuer der OG
	15.000
	+ 7.500
	22.500
		31 I 4
		91 I KStR
			- 22.500	

Bestand vEK zum 31.12.01		30	47.900	+ 10.000

☞ Der OT zahlt die Ausgleichszahlung → Aufgabe C.1

2.2.3 Ausgleichsposten beim Organträger

Die Durchführung des Gewinnabführungsvertrages bedeutet *nicht*, daß der Jahresüberschuß der OG *stets in vollem Umfang* an den OT abgeführt werden muß. Abweichungen zwischen dem Jahresüberschuß und dem an den OT abgeführten Gewinn können sich aus der Verrechnung von Verlusten bei der OG ergeben oder aus der gesetzlichen oder freiwilligen Rücklagenbildung bei der OG (Abschn. 55 Abs. 6 Nr. 3 KStR 1995). Die OG darf - die gesetzliche Rücklage ausgenommen - Beträge aus dem Jahresüberschuß jedoch nur insoweit in eine Gewinnrücklage einstellen, als dies bei vernünftiger kaufmännischer Beurteilung begründet ist (§ 14 Nr. 5 KStG). Stellt die Organgesellschaft aus dem Jahresüberschuß Beträge in die Gewinnrücklagen i.S. des § 272 Abs. 3 und 4 HGB ein oder bildet sie steuerlich nicht anzuerkennende stille Reserven, so kommt es in der Folge zu einem Auseinanderfallen von abzuführendem Gewinn und dem zuzurechnenden Einkommen bei dem OT.

Wichtig ist dabei: Stellt die OG aus dem Jahresüberschuß Beträge in die Gewinnrücklagen ein, so werden die Rücklagen dennoch mit dem zuzurechnenden Einkommen beim OT erfaßt und versteuert.

Die Einstellung oder Auflösung von versteuerten Gewinnrücklagen bei der OG wird als Minderabführung oder Mehrabführung i.S. des § 37 Abs. 2 KStG bezeichnet und hat sowohl Konsequenzen auf der Ebene der OG als auch auf der Ebene des OT:

- *Konsequenzen auf der Ebene der OG:*

In Umfang der Minderabführung der OG wird ein Korrekturposten positiv in das EK_{04} (!) der OG eingestellt.
Im Falle der Mehrabführung kommt es vorrangig zu einer Auflösung dieses Korrekturpostens. Übersteigt die Mehrabführung diesen Betrag, so gelten die Teilbeträge in der in § 28 Abs. 3 KStG bezeichneten Reihenfolge als verwendet (§ 37 Abs. 2 KStG).

- *Konsequenzen auf der Ebene des OT:*

Bei der Erstellung der **Steuerbilanz** des OT ist zu beachten, daß die von der OG in die Gewinnrücklagen eingestellten Beträge eine vom Organträger zu versteuernde Vermögensmehrung der Organgesellschaft bewirken. Die damit einhergehende Wertsteigerung der OG führt beim OT gleichwohl nicht zu einer Erhöhung des Wertansatzes der Beteiligung in der Steuerbilanz (§ 6 Abs. 1 Nr. 2 EStG, Abschn. 59 Abs. 1 S. 2 KStR 1995). Der steuerrechtliche Wertansatz der Beteiligung des OT an der OG bleibt von der Rücklagenbildung der OG unberührt. Um sicherzustellen, daß im Falle der Veräußerung der Organbeteiligung die bei der Organgesellschaft gebildeten Rücklagen nicht noch einmal beim Organträger steuerrechtlich erfaßt werden, ist in der Steuerbilanz des Organträgers, in die der um die Rücklage verminderte Jahresüberschuß der OG eingegangen ist, ein besonderer aktiver Ausgleichsposten einzustellen. Die entsprechende *erfolgswirksame* Buchung „Ausgleichsposten an Ertrag" ist durch eine außerbilanzielle Kürzung des OT-Gewinns *einkommensneutral* zu stellen. Dabei ist darauf zu achten, daß der aktive Ausgleichsposten nur in der Höhe gebildet wird, der dem Verhältnis der Beteiligung des OT am Nennkapital der OG entspricht. Beträgt die Beteiligung des OT an der OG z.B. 75%, dann ist auch der aktive Ausgleichsposten in der Steuerbilanz des OT nur in Höhe 75% der bei der OG gebildeten Rücklage anzusetzen. Das weitere Schicksal dieses Ausgleichspostens ist situationsabhängig:

- Löst die Organgesellschaft in den folgenden Jahren die Rücklage ganz oder teilweise zugunsten des an den OT abzuführenden Gewinns auf, so ist der aktive Ausgleichsposten in der Steuerbilanz des OT in entsprechendem Umfang erfolgswirksam aufzulösen und durch eine entsprechende außerbilanzielle Hinzurechnung einkommensneutral zu stellen (Abschn. 59 Abs. 1 KStR 1995).

- Veräußert der OT die Beteiligung an der OG, so ist der aktive Ausgleichsposten in vollem Umfang steuerbilanziell erfolgswirksam aufzulösen („Aufwand an Ausgleichsposten"). Der Veräußerungsgewinn wird entsprechend reduziert. Durch eine außerbilanzielle Hinzurechnung in entsprechendem Umfang wird die Auflösung des Ausgleichspostens einkommensneutral gestellt.

Um eine Abweichung des in der Steuerbilanz und dem in der **Gliederungsrechnung** ausgewiesenen Eigenkapitals zu vermeiden, ist bei einer Minderabführung der OG der Unterschiedsbetrag zwischen den von der OG gebildeten Rücklagen und dem besonderen Ausgleichsposten in der Steuerbilanz des OT gem. Abschn. 59 Abs. 1 KStR 1995 in der Gliederungsrechnung des OT von dem Teilbetrag EK_{02} (!) abzuziehen (Abschn. 83 Abs. 2, 91 Abs. 2 KStR 1995).

Im Falle einer Mehrabführung der OG oder Veräußerung der Beteiligung ist der zuvor eingestellte Korrekturposten in dem Teilbetrag EK_{02} (!) des OT entsprechend auszugleichen.

Beispiel 3: **Umfassendes Beispiel zur Organschaft**
Zurechnung des Einkommens der OG beim OT, Ausgleichszahlung, Ausgleichsposten wegen Gewinnrücklage bei OG

- Neben dem Organträger sind außenstehende Dritte in Höhe von 10% an dem Nennkapital der OG beteiligt.
- An diese außenstehenden Dritten erfolgen Ausgleichszahlungen, die von der OG gezahlt werden.

- Die OG bildet zulässigerweise zu Lasten des Jahresüberschusses eine Rücklage in Höhe von 12.000 DM.

Auf der Ebene der Organgesellschaft

Vor der Berücksichtigung der Verpflichtung zur Leistung von Ausgleichszahlungen, KSt-Rückstellung und Gewinnabführungsverpflichtung ergibt sich ein vorläufiger Gewinn in Höhe von 25.000 DM, an dem der OT mit 90% und die außenstehenden Dritten mit 10% beteiligt sind. Die 10%ige Beteiligung der außenstehenden Dritten entspricht einer Brutto-Dividende in Höhe von 2.500 DM.

Steuerbilanz der OG zum 31.12.01

Aktiva		Passiva	
Anlage- und Umlaufvermögen	157.000	Stammkapital	100.000
		Gewinnrücklage (eingestellt im Jahr 01)	12.000
		Verbindlichkeiten	20.000
		KSt-Rückstellung	750
		Verpflichtung zur Leistung von Ausgleichszahlungen	1.750
		Gewinnabführungs-Verpflichtung	22.500
	157.000		157.000

Vermögensteuer wurde im Laufe des Jahres 01 in Höhe von 7.500 DM gezahlt und als Aufwand verbucht. Steuerfreie ausländische Einkünfte wurden in Höhe von 10.000 DM erzielt.

a) Ermittlung des Einkommens der Organgesellschaft

Bilanzgewinn der OG	0
+ Vermögensteuer (§ 10 Nr. 2 KStG)	+ 7.500
+ Zuführung zur Gewinnrücklage	+ 12.000
+ als Betriebsausgabe abgezogene Verpflichtung aus Gewinnabführung an den OT	+ 22.500
+ als Betriebsausgabe abgezogene Verpflichtung zur Leistung von Ausgleichszahlungen (§ 4 Abs. 5 Nr. 9 EStG)	+ 1.750
+ auf die Ausgleichszahlung entfallende KSt (3/7)	+ 750
./. steuerfreie ausländische Einkünfte	- 10.000
= Einkommen der Organgesellschaft	34.500

davon von der OG zu versteuern (§ 16 KStG):
Ausgleichszahlung   1.750
auf die Ausgleichszahlung entfallende KSt (3/7)   750
./. von der OG selbst zu versteuerndes Einkommen   2.500   - 2.500
= dem Organträger zuzurechnendes Einkommen der OG   32.000

b) Körperschaftsteuerschuld der OG

von der OG selbst zu versteuerndes Einkommen (§ 16 KStG)   2.500

Körperschaftsteuerliche Tarifbelastung (§ 23 Abs. 1 KStG)   1.125
./. Körperschaftsteuer-Minderung   - 375
(§ 27 Abs. 1 KStG und Abschn. 92 Abs. 3 KStR 1995)
= Körperschaftsteuerschuld 01 der OG   750

c) Gliederungsrechnung der OG

Beispiel 3, Gliederungsrechnung der OG (Ausgleichszahlung, Ausgleichsposten wegen Gewinnrücklage bei OG)	§ KStG	EK45	EK01	EK04
Bestand 31.12.00	30	0	0	0
Zugänge zum vEK in 01 Eigenes Einkommen OG 2.500				
= zu verst. Einkommen OG 2.500 ./. 45 v.H. KSt - 1.125	7 I, 8 I 23 I			
= Zugang zum EK45 1.375		1.375		
Minderabführung (Bilden von Gewinnrücklage bei OG)	37 II 1			+ 12.000
vEK 31.12.01	30	1.375	0	+ 12.000
Nachrichtlicher Teil: Ausgleichszahlung 1.750 (=Bar-Dividende) EK45-Entnahme 1.750 · 55/70 = 1.375	Abschn.92 III KStR	- 1.375		
Bestand 31.12.01 = 1.1.02	30	1.375	0	+ 12.000

Erläuterung:
Dieser Korrekturposten ist positiv im Falle einer Rücklagenbildung bei der OG bzw. negativ im Falle einer Auflösung in EK_{04} (!) der OG zu berücksichtigen.

Auf der Ebene des Organträgers

Vorläufige Steuerbilanz des OT zum 31.12.01

Aktiva		Passiva	
Anlage- und Umlaufvermögen	304.200	Stammkapital	100.000
Beteiligung an Tochter OG	90.000	Rücklagen	200.000
		KSt-Rückstellung	?
Ausgleichsposten zum Beteiligungswert (90% der Rücklage bei der OG, Abschn. 59 Abs. 1 KStR)	10.800	Verbindlichkeiten	40.000
Gewinnabführungsanspruch (90% von 25.000)	22.500	vorläufiger Jahresüberschuß	87.500
	427.500		427.500

Im Laufe des Jahres 01 wurde Vermögensteuer (15.000 DM) gezahlt und als Aufwand verbucht.

Im Jahr 02 erfolgt eine offene Gewinnausschüttung für das Jahr 01 in Höhe von 70.000 DM.

a) Ermittlung des zu versteuernden Einkommens des Organträgers

vorläufiger Jahresüberschuß des OT	87.500
+ nichtabziehbare Aufwendung Vermögensteuer (§ 10 Nr. 2 KStG)	+ 15.000
./. im vorläufigen JÜ des OT enthalten: Gewinnabführung der Organgesellschaft (Abzug erfolgt zwecks Vermeidung Doppelbelastung, da bereits im Einkommen der OG, das dem OT erst anschließend zugerechnet wird, die Gewinnabführung enthalten ist)	- 22.500
aktiver Ausgleichsposten zum Beteiligungswert (Der aktive Ausgleichsposten hat den Gewinn des OT erhöht, ist aber einkommensneutral zu bilden, Abschn. 59 Abs. 1 KStR 1995)	- 10.800
= Eigenes Einkommen des Organträgers	69.200
+ dem OT zuzurechnendes Einkommen der OG (§14 KStG)	+ 32.000
= Vom OT zu versteuerndes Einkommen	101.200

b) Körperschaftsteuerschuld des OT

Vom Organträger zu versteuerndes Einkommen	101.200
Körperschaftsteuerliche Tarifbelastung darauf (§ 23 Abs. 1 KStG)	45.540
./. Körperschaftsteuer-Minderung (§ 27 Abs. 1 KStG)	- 15.000
= Körperschaftsteuerschuld 01 der OG	30.540

c) Gliederungsrechnung des OT

Beispiel 3, Zurechnung des Einkommens der OG bei OT mit Ausgleichszahlung und Ausgleichsposten (Gewinnrücklage OG)		§ KStG	EK45	EK01	EK02
Bestand am 31.12.00		30	200.000	0	0

Zugänge zum vEK in 01:
  zuzurechnendes Einkommen der OG
  + eigenes Einkommen OT
	32.000
	69.200
		16			

= zu verst. Einkommen OT ./. 45 v.H. KSt	101.200 -45.540	7 I, 8 I 23 I			
= Zugang zum EK45	55.660		55.660		
steuerfreie ausländische Einkünfte der OG		91III KStR 30 II Nr. 1			+10.000

Abzug der s.n.a.A.
  eigene Vermögensteuer des OT
  Vermögensteuer der OG
	-15.000
	-7.500
	22.500
		31 I 4
		91 I KStR
			-22.500		

Minderabführung wegen Rücklagenbildung ./. aktiver Ausgleichsposten in Steuerbilanz (90%) = Eigenkapitalanpassung	12.000 -10.800 1.200	83 Abs. 2 Nr. 2 KStR			-1.200
vEK am 31.12.01		30	233.160	+10.000	-1.200

Nachrichtlicher Teil:
  offene Gewinnausschüttung in 02 für 01
  Entnahme EK45 (55/70 · 70.000)
  KSt-Minderung (15/55 · 55.000)
	70.000
	55.000
	15.000
		28 II S. 1
		28 III
		27 I
			-55.000		

Bestand vEK am 31.12.01 = 1.1.02		30	178.160	+10.000	-1.200

Erläuterung:

Die Eigenkapitalanpassung ist aufgrund der unterschiedlichen Behandlung der Minder-/Mehrabführung der Organschaft in der Steuerbilanz (erfolgswirksam) und der Gliederungsrechnung (einkommensneutral) notwendig. Die einkommensneutrale Behandlung des Ausgleichspostens in der Gliederungsrechnung des OT einerseits und die Berücksichtigung der Zuführung zur Gewinnrücklage im Einkommen der OG in Höhe von 100% sowie die anschließende Hinzurechnung des Einkommens der OG zum zu versteuernden Einkommen des OT andererseits verlangt eine Korrektur der Gewinnrücklage, soweit diese aufgrund der Beteiligungsverhältnisse bei der OG nicht dem OT zusteht. Der Korrekturposten im EK_{02} ist negativ im Fall der Minderabführung der OG und positiv im Fall der Mehrabführung der OG.

2.2.4 Andere Gewinnausschüttungen der Organgesellschaft

Gewinnausschüttungen, die *nicht* auf einem den gesellschaftsrechtlichen Vorschriften beruhenden Gewinnverteilungsbeschluß für ein *abgelaufenes* Wirtschaftsjahr beruhen (§ 27 Abs. 3 S. 2 KStG), sind in der Regel bei Organverhältnissen vorweggenommene Gewinnabführungen der OG an den OT. Diese Gewinnausschüttungen an den OT sowie die verdeckten Gewinnausschüttungen an außenstehende Gesellschafter sind wie Ausgleichszahlungen i.S. des § 16 KStG zu behandeln. Verdeckte Gewinnausschüttungen der OG an den OT sind beim OT zur Vermeidung der Doppelbelastung aus dem Einkommen auszuscheiden, wenn die Vorteilszuwendung den Bilanzgewinn des OT erhöht oder dessen Bilanzverlust gemindert hat.

2.2.5 Beschränkung des Verlustabzuges

§ 15 Abs. 1 KStG schließt für das Einkommen der Organgesellschaft den Verlustabzug nach § 10d EStG i.V.m. § 8 Abs. 1 KStG aus. Dadurch wird verhindert, daß Verluste der Organgesellschaft, die vor Inkrafttreten des Gewinnabführungsvertrages entstanden sind, beim Organträger steuerlich wirksam werden. Der Verlustabzug für vorvertragliche Verluste ist während des Organverhältnisses ausgeschlossen. Da der Verlustvortrag zeitlich unbegrenzt ist, kann nach der Beendigung der Organschaft das Verlustabzugspotential geltend gemacht werden.

2.2.6 Zusammenfassung gliederungsrechnungsspezifischer Besonderheiten der körperschaftsteuerlichen Organschaft

In Zusammenhang mit einem Organschaftsverhältnis sind eine Reihe von Besonderheiten bei der Aufstellung der Gliederungsrechnung für die OG und den OT zu beachten.
- Bei der Organgesellschaft:
  - Mehrabführungen oder Minderabführungen aufgrund der Einstellung in Gewinnrücklagen oder deren Auflösung werden bei der OG im EK_{02} (!) erfaßt (§ 37 Abs. 2 KStG).
  - Sonstige nichtabziehbare Ausgaben der OG werden beim OT erfaßt (Abschn. 91 Abs. 1 KStR 1995).
  - Darüber hinaus sind die einkommenswirksamen Aspekte der Ausgleichszahlung zu beachten (§ 16 KStG).

- Bei dem Organträger:
  - Sonstige nichtabziehbare Ausgaben der OG und des OT werden mit EK_{45} und/oder EK_{30} des OT i.S. des § 31 Abs. 1 Nr. 4 KStG verrechnet (Abschn. 91 Abs. 1 KStR 1995).
  - Steuerfreie Einkünfte der OG und des OT werden in das EK_{02} des OT eingestellt.
  - Bildet die OG eine Gewinnrücklage, so führt dies bei dem OT zum Abzug (negativen Zugang) des Unterschiedsbetrages zwischen der von der OG gebildeten Gewinnrücklage und dem besonderen Ausgleichsposten in der Steuerbilanz des OT vom EK_{04} (!) des OT. Oder anders: In Höhe der Beteiligung außenstehender Dritter an der Gewinnrücklage der OG bildet der OT einen Korrekturposten in EK_{04} (§ 37 Abs. 2 KStG).

☞ Literatur: Abschn. 48 bis 65, 91 und 92 KStR 1995

Aufgabe C.1: Die Ausgleichszahlung erfolgt durch den Organträger

An der OG ist neben dem OT der Einzelunternehmer A beteiligt. Im Jahr 01 erzielt die OG einen Jahresüberschuß vor Körperschaftsteuer, der in vollem Umfang und damit in Höhe von 30.500 DM an den OT abgeführt wird. Bei der Ermittlung des Jahresüberschusses, welcher der Gewinnabführung zugrunde liegt, wurde Vermögensteuer in Höhe von 7.500 DM gewinnmindernd berücksichtigt. Im Laufe des Jahres 01 hat die OG ausländische steuerfreie Einkünfte in Höhe von 10.000 DM erzielt.

Der Jahresüberschuß des OT beläuft sich im Jahr 01 auf 115.500 DM. Darin ist der Gewinnabführungsanspruch aus dem Organverhältnis gewinnerhöhend und Vermögensteuer in Höhe von 15.000 DM gewinnmindernd berücksichtigt. Darüber hinaus wurde die Ausgleichszahlung in Höhe von 1.750 DM (Bar-Dividende) an den Einzelunternehmer A erfolgswirksam berücksichtigt.

Aufgaben:

a) Ermitteln Sie das Einkommen und das selbst zu versteuernde Einkommen der OG sowie das zu versteuernde Einkommen des OT!
b) Erstellen Sie dann die endgültige Steuerbilanz der OG.

Lösungen:

ad a) Ermittlung des Einkommens der Organgesellschaft

Vorläufiger Bilanzgewinn der OG (vor Körperschaftsteuer)	0 DM
+ Vermögensteuer	+ 7.500 DM
./. steuerfreie ausländische Einkünfte	- 10.000 DM
+ als Betriebsausgabe abgezogene Verpflichtung aus Gewinnabführung an den OT (§ 8 Abs. 3 S. 1 KStG)	+ 30.500 DM
= Einkommen der Organgesellschaft	28.000 DM

Ermittlung des zu versteuernden Einkommens der Organgesellschaft

Ausgleichszahlung	1.750 DM
+ auf die Ausgleichszahlung entfallende KSt (3/7)	+ 750 DM
= Von der OG selbst zu versteuern (§ 16 KStG)	2.500 DM

Ermittlung des zu versteuernden Einkommens des Organträgers

Jahresüberschuß des Organträgers	115.500 DM
+ darin enthaltene Vermögensteuer	+ 15.000 DM
(nichtabziehbare Aufwendung, § 10 Nr. 2 KStG)	
./. im Jahresüberschuß des Organträgers ausgewiesener	- 30.500 DM
Gewinnabführungsanspruch der OG (vor Körperschaftsteuer der OG)	
+ Verpflichtung zur Ausgleichszahlung an Drittbeteiligte an der OG	+ 2.500 DM
§ 4 Abs. 5 Nr. 9 EStG i.V. mit § 8 Abs. 1 KStG	
./. Ausgleichszahlung (Abschn. 63 Abs. 3 Nr. 2 KStR 1995)	- 1.750 DM
./. Ausschüttungsbelastung (3/7) der Ausgleichszahlung	
(Abschn. 63 Abs. 3 Nr. 3 KStR 1995)	- 750 DM
= Eigenes Einkommen des Organträgers	100.000 DM
Eigenes Einkommen des Organträgers	100.000 DM
+ vom Organträger zu versteuerndes Einkommen der OG (§ 14 KStG)	+ 28.000 DM
= Vom Organträger zu versteuerndes Einkommen	128.000 DM

Vergleichen Sie die vorstehenden Ergebnisse mit dem Beispiel 2 im Text (Abschnitt 2.2.2 zur Organschaft). Sie sehen, daß es für das insgesamt im Organkreis zu versteuernde Einkommen unerheblich ist, ob der OT oder die OG die Ausgleichszahlung an die an der OG beteiligten Dritten leistet. Die Gliederungsrechnungen für die OG und den OT ergeben sich damit entsprechend dem Beispiel 2 im Textteil.

ad b) Die endgültige Steuerbilanz der OG

Steuerbilanz der OG zum 31.12.01

Aktiva		Passiva	
Anlage- und Umlaufvermögen	130.500	Stammkapital	100.000
		KSt-Rückstellung	750
		Gewinnabführungs-Verpflichtung an den OT	29.750
	130.500		130.500

Während die auf die Ausgleichszahlung entfallende Ausschüttungsbelastung in der endgültigen Steuerbilanz der OG zu berücksichtigen ist, wird die Verpflichtung zur Ausgleichszahlung an den Einzelunternehmer A in der Steuerbilanz des OT passiviert.
Der endgültige Jahresüberschuß der OG bzw. die tatsächliche Gewinnabführungsverpflichtung an den OT ergibt sich aus dem Saldo von dem vorläufigen Jahresüberschuß und der Körperschaftsteuer-Rückstellung.

Aufgabe C.2: Ausgleichsposten, der OT ist zu 100% an der OG beteiligt

Bei der OG wurden im Jahr 01 Vermögensteuerzahlungen in Höhe von 7.500 DM gewinnmindernd gebucht. Steuerfreie ausländische Einkünfte wurden in Höhe von 10.000 DM erzielt. Zum 31.12.01 erstellt die OG die nachstehende Steuerbilanz vor Gewinnabführungsverpflichtung und Körperschaftsteuer.

Vorläufige Steuerbilanz der OG zum 31.12.01

Aktiva		Passiva	
Anlage- und Umlaufvermögen	137.000	Stammkapital	100.000
		Gewinn-Rücklagen	12.000
		(Rücklagenbildung im Jahr 01)	
		Vorläufiger Jahresüberschuß	25.000
	137.000		137.000

Der OT erstellt ebenfalls eine vorläufige Steuerbilanz zum 31.12.01. Darin ist zwar der Gewinnabführungsvertrag, nicht aber die Körperschaftsteuer für das Jahr 01 berücksichtigt.

Vorläufige Steuerbilanz des OT zum 31.12.01

Aktiva		Passiva	
Anlage- und Umlaufvermögen	304.200	Stammkapital	100.000
Beteiligung an OG	90.000	Rücklagen (nicht aus dem Jahr 01)	200.000
Gewinnabführungsverpflichtung	25.000	Verbindlichkeiten	20.000
Aktiver Ausgleichsposten	12.000	Vorläufiger Jahresüberschuß	111.200
	431.200		431.200

Im Laufe des Jahres 01 wurde Vermögensteuer (12.000 DM) gezahlt und als Aufwand verbucht. Im Jahr 02 erfolgt eine offene Gewinnausschüttung für das Jahr 01 in Höhe von 70.000 DM.

Aufgaben:

a) Ermitteln Sie das Einkommen und das von der Organgesellschaft selbst zu versteuernde Einkommen.

b) Stellen Sie die Gliederungsrechnung der OG zum 31.12.01 auf.

c) Ermitteln Sie das zu versteuernde Einkommen und die Körperschaftsteuerschuld des Jahres 01 für den OT.

d) Stellen Sie die Gliederungsrechnung des OT zum 31.12.01 auf.

e) Wie sieht die endgültige Steuerbilanz des OT aus?

Lösungen:

ad a) Ermittlung des Einkommens und des selbst zu versteuernden Einkommens der OG

Bilanzgewinn der OG	0 DM
+ Vermögensteuer (§ 10 Nr. 2 KStG)	+ 7.500 DM
+ Zuführung zur Gewinnrücklage im Jahr 01 (§ 8 Abs. 3 S. 1 KStG)	+ 12.000 DM
+ als Betriebsausgabe abgezogene Verpflichtung aus Gewinnabführung an den OT (§ 8 Abs. 3 S. 1 KStG)	+ 25.000 DM
./. steuerfreie ausländische Einkünfte	- 10.000 DM
= Einkommen der Organgesellschaft	34.500 DM

Das Einkommen der OG ist insgesamt dem zu versteuernden Einkommen des OT zuzurechnen, da gemäß § 14 und 16 KStG die OG ihr Einkommen nur in Höhe der Ausgleichszahlung und der darauf entfallenden Ausschüttungsbelastung selbst zu versteuern hat und hier eine Beteiligung Dritter an der OG nicht gegeben ist. Die Körperschaftsteuerschuld der OG im Jahr 01 ist daher 0. Der vorläufige und endgültige Jahresüberschuß der OG stimmen damit der Höhe nach überein. Die tatsächliche Gewinnabführung an den OT ergibt sich ebenfalls in gleicher Höhe.

ad b) Gliederungsrechnung der OG

Obwohl die OG im Jahr 01 kein eigenes zu versteuernde Einkommen aufweist, hat sie eine Gliederungsrechnung aufzustellen, in der die Minderabführung an den OT ausgewiesen wird.

Aufgabe C.1: Gliederungsrechnung der OG		§ KStG	EK45	EK01	EK04
Bestand 31.12.00		30	0	0	0
Zugänge zum vEK in 01 Eigenes Einkommen OG ./. Gewinnabführung	34.500 34.500				
= selbst zu verst. Einkommen OG		0	7 I, 8 I		
Minderabführung (Einstellung von Gewinnrücklage bei OG)		12.000	37 II 1		+12.000
vEK 31.12.01		30	0	0	12.000
Nachrichtlicher Teil: Keine Ausgleichszahlung					
Bestand 31.12.01 = 1.1.02		30	0	0	12.000

ad c) Zu versteuerndes Einkommen und Körperschaftsteuerschuld des OT

- **Ermittlung des zu versteuernden Einkommens des OT**

Vorläufiger Jahresüberschuß des OT	111.200 DM
+ Vermögensteuer (Nichtabziehbare Aufwendung, § 10 Nr. 2 KStG)	+12.000 DM
./. im vorläufigen Jahresüberschuß des OT enthalten: Gewinnabführung der Organgesellschaft (Abzug erfolgt zwecks Vermeidung Doppelbelastung, da bereits im Einkommen der OG, das dem OT erst anschließend zugerechnet wird, die Gewinnabführung enthalten ist)	- 25.000 DM
aktiver Ausgleichsposten zum Beteiligungswert (Der aktive Ausgleichsposten hat den Gewinn des OT erhöht, ist aber einkommensneutral zu bilden, Abschn. 59 Abs. 1 KStR 1995)	- 12.000 DM
= Eigenes Einkommen des Organträgers	86.200 DM
+ dem OT zuzurechnendes Einkommen der OG (§14 KStG)	+34.500 DM
= Vom OT zu versteuerndes Einkommen	120.700 DM

- **Körperschaftsteuerschuld des OT**

Vom Organträger zu versteuerndes Einkommen	120.700 DM
Körperschaftsteuerliche Tarifbelastung darauf (§ 23 Abs. 1 KStG)	54.315 DM
./. Körperschaftsteuer-Minderung (§ 27 Abs. 1 KStG)	- 15.000 DM
= Körperschaftsteuerschuld 01 der OG	51.385 DM

ad d) Gliederungsrechnung des OT

Aufgabe C.1: Gliederungsrechnung des OT		§ KStG	EK45	EK01	EK02
Bestand am 31.12.00		30	200.000	0	0
Zugänge zum vEK in 01					
Zuzurechnendes Einkommen der OG	34.500	16			
+ eigenes Einkommen OT	86.200				
= zu verst. Einkommen OT	120.700	7 I, 8 I			
./. 45 v.H. KSt	-54.315	23 I			
= Zugang zum EK45	66.385		66.385		
steuerfreie ausländische Einkünfte der OG	10.000	91 III KStR 30 II Nr. 1		+10.000	
Abzug der s.n.a.A.					
eigene Vermögensteuer des OT	12.000	31 I 4			
Vermögensteuer der OG	+7.500	91 I KStR			
	19.500		-19.500		
vEK am 31.12.01		30	246.885	10.000	0
Nachrichtlicher Teil:					
offene Gewinnausschüttung in 02 für 01	70.000	28 II S. 1			
Entnahme EK45 (55/70 · 70.000)	55.000	28 III	-55.000		
KSt-Minderung (15/55 · 55.000)	15.000	27 I, 28 VI			
Bestand vEK am 31.12.01 = 1.1.02		30	191.885	10.000	0

Die Minderabführung aufgrund der Rücklagenbildung bei der OG verlangt keine Eigenkapitalanpassung in der Gliederungsrechnung des OT, da dieser zu 100% an der OG beteiligt ist.

ad e) Endgültige Steuerbilanz des OT zum 31.12.01

Endgültige Steuerbilanz des OT zum 31.12.01

Aktiva		Passiva	
Anlage- und Umlaufvermögen	304.200	Stammkapital	100.000
Beteiligung an OG	90.000	Rücklagen	200.000
		Verbindlichkeiten	20.000
Ausgleichsposten zum Beteiligungswert	12.000	KSt-Rückstellung	51.385
(100% der Rücklage bei der OG, Abschn. 59 Abs. 1 KStR)			
Gewinnabführungsanspruch	25.000	Gewinn	59.815
	431.200		431.200

Stichwortverzeichnis

Die Zahlen verweisen auf die Seitenzahlen

Anrechnungsverfahren 5ff., 39ff.
- alternative Verfahren 3
- Anwendungsbereich 64ff.

Aufwendungen
- abziehbare 28f.
- nichtabziehbare 29f., 82ff.

Ausgleichsposten 149ff.

Ausgleichszahlungen 144ff.

Ausschüttungen
- andere Ausschüttungen 64ff.
- Gewinnausschüttungen 64ff.
- offene 65, 70, 105, 106ff.
- Systematik 64ff.
- Vorabausschüttungen 65, 70f.

Ausschüttungsbelastung 49ff.

Betriebsteuer 3

Eigenkapitalgliederung
- Bestandsveränderungen 46ff.
- Funktion und Aufbau 41ff.
- zeitliche Bestimmungen bei Ausschüttungen 57ff., 105ff., 112ff.
- Sachzusammenhang 100f.
- Zugänge direkt 47f.
- Zugänge indirekt 48

Dividendenabzugsverfahren 4

Einkommen
- Einkommens-Ermittlungs-Schema 24ff.
- Ermittlung 24ff.
- Ermittlungszeitraum 23f.

Fehlendes verwendbares Eigenkapital 54, 104

Genußrechte 65, 72

Gesellschaftsverhältnis 66f.

Gewinnverteilungsbeschluß 67

Körperschaftsteuer
- Aufteilungsrechnung 109ff.
- Aufwand 59ff., 62f., 90f., 107ff.
- Erhöhung 51f.
- Minderung 50f.
- Multiplikatoren 52f., 87ff.

Organschaft 143
- Ausgleichsposten 153ff.
- Ausgleichszahlungen 148ff.
- Einkommensermittlung 146f.
- Organgesellschaft 144
- Organträger 144
- Voraussetzungen 144ff.

Reihenfolgefiktion 54ff., 94ff.
- Ausnahmen 55ff.

Rechtsgrundlagen 7

Sonstige Leistungen 72

Sonstige nichtabziehbare Ausgaben
- in der Eigenkapitalgliederung 83ff., 90f.
- Erstattung 85
- bei Verlustverrechnung 120

Steuerbefreiungen
- persönlich 20f.
- Prüfungsschema 22

Steuerpflicht
- Beginn 16ff.
- beschränkte 8, 12f.
- Ende 19
- partielle 8, 13f.
- persönliche 8
- Prüfungsschema 15

- sachliche 16
- unbeschränkte 9ff.

Steuervergünstigungen 23

Teilhabersteuer 4

Veranlagungszeitraum 24

Verdeckte Gewinnausschüttungen
- Formen 78ff.
- Merkmale 73ff.
- Rechtsfolgen 75ff., 103, 106ff., 109ff.
- Rückabwicklung 81f.

Verwendbares Eigenkapital 43ff.

Verwendungsfiktion 54ff., 96, 97f., 102f.

Verlust
- Antragsrecht 37f.
- Verlustabzug 31ff.
- Verlustbegriff 32f.
- Voraussetzungen 33ff.

Verlustausgleich
- horizontal 35
- vertikal 36

Verlustrücktrag 36, 115ff., 128ff., 131ff.
- Einflußfaktoren 118ff.
- Basisformel 121ff.
- Erweiterungen der Basisformel 124ff.

Verlustvortrag 37, 130, 136ff.